Deliciile Spaniei
Rețete Autentice pentru o Călătorie Gastronomică

Elena Fernandez

CUPRINS

melci CRUDE SI SEMINTE 21
    CUPRINS 21
    DETALIU 21
    A AMAGI 22

SANDWICHE-uri pentru gravide 24
    CUPRINS 24
    DETALIU 24
    A AMAGI 24

BOMBĂNĂ DE RĂDĂCINI CU CEAPA CARAMELIZATĂ 26
    CUPRINS 26
    DETALIU 26
    A AMAGI 26

HAMISE COCA CU MĂSLINE ȘI FOND zdrobit 27
    CUPRINS 27
    DETALIU 27
    A AMAGI 28

CÂRNAȚI CU CIDRU CU MIERE ȘI TRANDAFIRI 29
    CUPRINS 29
    DETALIU 29
    A AMAGI 29

Dulciuri cu cârnați și bacon 30
    CUPRINS 30
    DETALIU 30

- A AMAGI 30
- **CIUPERCI ROSII, LA GRAR CU ULEI ROSIU SI BUSUOCOC**..32
  - CUPRINS 32
  - DETALIU 32
  - A AMAGI 33
- **PUDING NEGRU ȘI CROCHETE DE PERE** 34
  - CUPRINS 34
  - DETALIU 34
  - A AMAGI 35
- crocheta de cod 36
  - CUPRINS 36
  - DETALIU 36
  - A AMAGI 37
- Melci cu sos de rosii 38
  - CUPRINS 38
  - DETALIU 38
  - A AMAGI 39
- Chifteluta de ton 40
  - CUPRINS 40
  - DETALIU 40
  - A AMAGI 41
- **CROCHETA DE CREVETI CU USSturoi** 43
  - CUPRINS 43
  - DETALIU 43
  - A AMAGI 44
- **MOZZARELLA, CIRESE SI FRGARRUI DE RUCHETA** 45

- CUPRINS 45
- DETALIU 45
- A AMAGI 45

GILDAS 46
- CUPRINS 46
- DETALIU 46
- A AMAGI 46

Aluat Panada de CASA 48
- CUPRINS 48
- DETALIU 48
- A AMAGI 48

COPIȚE DE PUI ȘI OUĂ FIERTE 50
- CUPRINS 50
- DETALIU 50
- A AMAGI 51

CROCHETE DE NUCI CU BRÂNZĂ ALBASTRĂ 52
- CUPRINS 52
- DETALIU 52
- A AMAGI 53

TOASTA DE PUI LA GRAR LEGUME PINENASE 54
- CUPRINS 54
- DETALIU 54
- A AMAGI 55

SALATA DE TARA 57
- CUPRINS 57
- DETALIU 57

- A AMAGI 58
- SALATA GERMANA 59
  - CUPRINS 59
  - DETALIU 59
  - A AMAGI 59
- SALATA DE OREZ 61
  - CUPRINS 61
  - DETALIU 61
  - A AMAGI 61
- SALATA MIXTA 63
  - CUPRINS 63
  - DETALIU 63
  - A AMAGI 64
- SALATA DE CALAMARI PIPIRANA 65
  - CUPRINS 65
  - DETALIU 65
  - A AMAGI 65
- SALATA CAPRESE 68
  - CUPRINS 68
  - DETALIU 68
  - A AMAGI 68
- SALATĂ RUSEASCĂ 69
  - CUPRINS 69
  - DETALIU 69
  - A AMAGI 70
- SALATA DE FASOLE ALBE PORTOCALE 71

CUPRINS 71

DETALIU 71

A AMAGI 71

BANDELE DE PUI CU ALB 74
    CUPRINS 74
    DETALIU 74
    A AMAGI 74

FRIPTURĂ DE RAȚĂ 75
    CUPRINS 75
    DETALIU 75
    A AMAGI 76

PIEPT DE PUI VILLAROY 77
    CUPRINS 77
    DETALIU 77
    A AMAGI 78

FELII DE PUI CU SOS DE LAMAIE MUSTAR 79
    CUPRINS 79
    DETALIU 79
    A AMAGI 80

PINTADA PRĂJITĂ CU PRUNE ȘI ciuperci 81
    CUPRINS 81
    DETALIU 81
    A AMAGI 82

PIJET DE PUI VILLAROY CU PIQUILOS CARAMELIZAT CU OTIT DE MODENA 83
    CUPRINS 83

DETALIU 83

A AMAGI 84

FELII DE PUI CU SUNNICĂ, CIUPERCI ȘI BRÂNZĂ 85

CUPRINS 85

DETALIU 85

A AMAGI 86

DESERT PUI CU PRUNE 87

CUPRINS 87

DETALIU 87

A AMAGI 88

Piept de pui portocale cu fistic 89

CUPRINS 89

DETALIU 89

A AMAGI 89

MURATURI DE RĂDĂCINI 90

CUPRINS 90

DETALIU 90

A AMAGI 90

CACCIATOR DE PUI 92

CUPRINS 92

DETALIU 92

A AMAGI 93

ARIPI DE PUI IN STIL COCA COLA 94

CUPRINS 94

DETALIU 94

A AMAGI 94

PUI CU USTUROI 95
    CUPRINS 95
    DETALIU 95
    A AMAGI 96
PUI 97
    CUPRINS 97
    DETALIU 97
    A AMAGI 98
MURAT de prepeliță și fructe roșii 99
    CUPRINS 99
    DETALIU 99
    A AMAGI 100
PUI CU LAMAIE 101
    CUPRINS 101
    DETALIU 101
    A AMAGI 102
SERRANO CRUDE, TORTA CASAR SI PUI CU RACHETA SAN JACOBO 103
    CUPRINS 103
    DETALIU 103
    A AMAGI 103
PUI GĂT CU CURY 104
    CUPRINS 104
    DETALIU 104
    A AMAGI 104
PUI LA VIN ROSU 105

- CUPRINS 105
- DETALIU 105
- A AMAGI 106

PUI FRIP CU BERE NEGRA 107
- CUPRINS 107
- DETALIU 107
- A AMAGI 107

potârniche de ciocolată 109
- CUPRINS 109
- DETALIU 109
- A AMAGI 110

Türkiye prăjită CU SOS DE FRUCTE ROSII 111
- CUPRINS 111
- DETALIU 111
- A AMAGI 112

PUI FRÂPT CU SOS DE PIERSICI 113
- CUPRINS 113
- DETALIU 113
- A AMAGI 114

File de pui cu spanac si mozzarella 115
- CUPRINS 115
- DETALIU 115
- A AMAGI 115

PUI FRÂPT CU JAVA 116
- CUPRINS 116
- DETALIU 116

A AMAGI 116
Shish de pui cu sos de arahide 118
    CUPRINS 118
    DETALIU 118
    A AMAGI 119
PUI CU PEPITORIA 120
    CUPRINS 120
    DETALIU 120
    A AMAGI 121
PUI CU PORTOCALE 122
    CUPRINS 122
    DETALIU 122
    A AMAGI 123
GARANTIE PUI CU SOLUȚIE 124
    CUPRINS 124
    DETALIU 124
    A AMAGI 125
Pui sotat cu alune si soia 126
    CUPRINS 126
    DETALIU 126
    A AMAGI 127
PUI CU CIOCOLATA CU MIGDALE PRAJITA 128
    CUPRINS 128
    DETALIU 128
    A AMAGI 129
FARGARI DE MIEL CU ARDEI SI MUSTAR DE PESTE 130

CUPRINS 130
    DETALIU 130
    A AMAGI 131
UMPLER DE CARNE DE PORT 132
    CUPRINS 132
    DETALIU 132
    A AMAGI 133
Chifteluta MADRILÑA 134
    CUPRINS 134
    DETALIU 134
    A AMAGI 135
Obraji de vita de ciocolata 136
    CUPRINS 136
    DETALIU 136
    A AMAGI 137
PLAINTA DE PORC ASPIRAT CONFIT CU SOS DE VIN DULCE 138
    CUPRINS 138
    DETALIU 138
    A AMAGI 139
CU IEPURI MARS 140
    CUPRINS 140
    DETALIU 140
    A AMAGI 141
PEPITORIA Chiftele în sos de arahide 142
    CUPRINS 142
    DETALIU 142

A AMAGI 143
SKALOPINĂ DE VITA CU BERE NEGRA 144
    CUPRINS 144
    DETALIU 144
    A AMAGI 145
TUR IN MADRILEA 146
    CUPRINS 146
    DETALIU 146
    A AMAGI 147
CARNE DE PORC FRAJTA CU MERE SI MENTA 148
    CUPRINS 148
    DETALIU 148
    A AMAGI 149
Chifteluțe de pui cu sos de zmeură 150
    CUPRINS 150
    DETALIU 151
    A AMAGI 151
TOCANĂ DE MIEL 152
    CUPRINS 152
    DETALIU 152
    A AMAGI 153
MUSCHI DE IEPURE 154
    CUPRINS 154
    DETALIU 154
    A AMAGI 155
IEPURE CU PIPERRADA 156

    CUPRINS 156
    DETALIU 156
    A AMAGI 157
Chifteluta DE PUI CU BRÂNZĂ CU SOS DE CURR 158
    CUPRINS 158
    DETALIU 159
    A AMAGI 159
Obraz de PORC la VIN ROȘU 160
    CUPRINS 160
    DETALIU 160
    A AMAGI 161
COCHIFRITO NAVARRA 162
    CUPRINS 162
    DETALIU 162
    A AMAGI 162
Caserolă De Vită Cu Sos De Arahide 164
    CUPRINS 164
    DETALIU 164
    A AMAGI 165
FULG PRĂJIT 166
    CUPRINS 166
    DETALIU 166
    A AMAGI 166
PIELE PRAJITA CU VARZA 167
    CUPRINS 167
    DETALIU 167

A AMAGI	167
VÂNĂTOR DE IEPURI	169
CUPRINS	169
DETALIU	169
A AMAGI	170
ESCALOP CARNE DE VID MADRILEÑA	171
CUPRINS	171
DETALIU	171
A AMAGI	171
GARANTIE IEPURE CU CIUPERCI	172
CUPRINS	172
DETALIU	172
A AMAGI	173
COSTEȚE DE PORC LA VIN ALB ȘI MIERE	174
CUPRINS	174
DETALIU	174
A AMAGI	174
CAN GALLEGO	176
CUPRINS	176
DETALIU	176
A AMAGI	177
LENTE STIL LONESA	178
CUPRINS	178
DETALIU	178
A AMAGI	179
CURY MER LINTE	180

  CUPRINS 180
  DETALIU 180
  A AMAGI 181
POCHAS IN NAVARA 182
  CUPRINS 182
  DETALIU 182
  A AMAGI 183
LINTE 184
  CUPRINS 184
  DETALIU 184
  A AMAGI 185
chifle de cod 187
  CUPRINS 187
  DETALIU 187
  A AMAGI 187
DURADO COD 189
  CUPRINS 189
  DETALIU 189
  A AMAGI 189
CRAB BASK 190
  CUPRINS 190
  DETALIU 190
  A AMAGI 191
A EVITA ÎN OTIT 192
  CUPRINS 192
  DETALIU 192

A AMAGI 192
MARCA COD 193
    CUPRINS 193
    DETALIU 193
    A AMAGI 193
PULBER ÎN ADOBO (BIENMESABE) 194
    CUPRINS 194
    DETALIU 194
    A AMAGI 195
MURATURI DE PORTOCALE SI TON 196
    CUPRINS 196
    DETALIU 196
    A AMAGI 197
CREVET PETERN 198
    CUPRINS 198
    DETALIU 198
    A AMAGI 198
Ton cu busuioc 199
    CUPRINS 199
    DETALIU 199
    A AMAGI 199
UNUL MINIERUL 201
    CUPRINS 201
    DETALIU 201
    A AMAGI 201
MUMBĂ DE SOMMON 202

- CUPRINS 202
- DETALIU 202
- A AMAGI 202

Biban de mare PIQUILTOS BILBAN STYLE 204
- CUPRINS 204
- DETALIU 204
- A AMAGI 204

midii imbuteliate 205
- CUPRINS 205
- DETALIU 205
- A AMAGI 205

MARMITAKO 207
- CUPRINS 207
- DETALIU 207
- A AMAGI 207

biban de mare în sare 209
- CUPRINS 209
- DETALIU 209
- A AMAGI 209

MIDII Aburite 210
- CUPRINS 210
- DETALIU 210
- A AMAGI 210

MERLULU DE GALICHIA 211
- CUPRINS 211
- DETALIU 211

A AMAGI 211
MERLULU KOSKERA 213
    CUPRINS 213
    DETALIU 213
    A AMAGI 214

melci CRUDE SI SEMINTE

CUPRINS

500 g de melci

500 g de chanterelles

200 g sunca serrano tocata

200 ml sos de rosii

1 pahar de vin alb

1 lingura pulpa de ardei chorizo

1 lingurita patrunjel proaspat tocat

1 **frunz**ă de dafin

2 **catei de usturoi**

1 **ceapa primavara**

1 **ardei rosu**

DETALIU

Curăţaţi melcii cu apă rece şi sare până când nu mai eliberează **mucus.**

Pune-le in apa rece cu sare si numara 8 **minute din momentul in care incep sa fiarba.**

Tăiați mărunt ceapa și usturoiul. Se fierbe la foc mic cu sunca. Se **adauga fileul taiat bucatele si se rumeneste la foc iute** 2 **minute**.

Scufundați-vă în vin și lăsați-l să se evapore. Adăugați pulpa de **ardei chorizo** , roșia și ardeiul cayenne. La final, adaugă melcii și foile de dafin și gătește aproximativ 10 minute. Se completează **cu p**ătrunjel tocat.

A AMAGI

Nu este nevoie să adaugi oricând sare, deoarece melcii au o **arom**ă puternică, iar șunca este deja sărată.

SANDWICHE-uri pentru gravide

CUPRINS

500 **g de f**ăină tare

75 **de grame de unt**

25 **g drojdie presat**ă

2 **cârna**ți

1 **ou intreg**

1 **galbenus de ou**

1 **lingurita de zahar**

sare

DETALIU

Faceți un vulcan cu făina cernută. Adăugați în centru untul **înmuiat**, **ou**ăle, zahărul, drojdia, 1 pahar de apă caldă și sare.

Frământați până obțineți o masă omogenă. Se lasă la fermentat **timp de** 40 **de minute lâng**ă o sursă de căldură.

Formați bile medii și puneți o bucată de chorizo înăuntru. **Acoperi**ți bine, aplicați gălbenușul și coaceți la 210°C timp de 15 **minute**.

A AMAGI

Pentru o fermentare mai rapidă a aluatului, acesta poate fi păstrat într-o oală de lut cu apă şi gătit la 50ºC timp de 30 de **minute. Ar trebui s**ă fie bine acoperit.

BOMBĂNĂ DE RĂDĂCINI CU CEAPA CARAMELIZATĂ

CUPRINS

4 **foi de aluat praf**

8 **cuburi de foie gras**

2 **linguri de unt**

Ceapa caramelizata (vezi sectiunea Legume)

Sare si piper

DETALIU

Tăiați foile de cărămidă în 16 dreptunghiuri. Vopsiți fiecare cu unt **topit** și asamblați straturile rămase așezându-le deasupra.

Deasupra se aseaza gasca asezonata si se inchide in forma de caramel. Ungeți din nou cu ou și coaceți la 200ºC până când **devin u**șor aurii la exterior. Insotiti cu ceapa caramelizata.

A AMAGI

Pot fi prajite in loc de coapte, dar aveti grija pentru ca aluatul nu trebuie sa fie prea auriu.

HAMISE COCA CU MĂSLINE ȘI FOND zdrobit

CUPRINS

250 **g de făină**

25 **g de nuci**

15 **g drojdie proaspătă**

125 **ml apă** caldă

12 **conserve de hamsii**

1 **cutie mică** de măsline fără sâmburi

1 **lingurita marar**

1 **catel de usturoi**

125 **ml ulei de măsline**

DETALIU

Cerneți făina într-un bol. De asemenea, dizolvați drojdia în apă caldă.

Faceți un vulcan cu făina și turnați drojdia dizolvată, uleiul și apa. **Se framanta sa nu se lipeasca de maini (mai adauga putina faina daca este cazul).** Ține-l acoperit timp de 30 de minute.

Intre timp se zdrobesc maslinele cu un catel de usturoi, nuca si marar. Adăugați puțin ulei de măsline și rezervați.

Întindeți aluatul cu un sucitor și formați dreptunghiuri îngrijite de ½ cm grosime. **Asezati hartia de copt pe o tava si coaceti la 175°C timp de 10 minute.**

Scoateți coca cola din cuptor, întindeți deasupra pasta de **m**ăsline și puneți deasupra anșoa.

A AMAGI

Se pot folosi hamsii in loc de cod afumat. o plăcere

CÂRNAȚI CU CIDRU CU MIERE ȘI TRANDAFIRI

CUPRINS

750 **ml de cidru**

150 **de grame de miere**

16 **cârnați**

1 **crenguță** de rozmarin

DETALIU

Se fierbe chorizo-ul, cidrul, mierea și rozmarinul la foc mic timp de 30 de minute sau până când cidrul scade la jumătate.

A AMAGI

Înmuiați cârnații în cidru timp de 24 de ore pentru a extrage mai multă aromă.

Dulciuri cu cârnați și bacon

CUPRINS

10 **carnati afumati**

10 **felii de bacon**

10 **felii de pâine felia**tă

1 **OU**

DETALIU

Tăiați marginile feliilor de pâine. Se intinde cu sucitorul pana se **obtine un strat foarte subtire si se taie in jumatate.**

Scoateți marginile cârnaților (le puteți lăsa, din motive estetice) și tăiați-i în jumătate. Taiati si feliile de bacon.

Ungeți oul pe suprafața feliei și puneți o felie de slănină, **asigurându**-vă că nu iese în afară. Așezați cârnații la un capăt al **chiflei** și înfășurați-i până ajung la celălalt capăt. Apăsați bine și **coace**ți la 175 ºC până când pâinile devin crocante.

A AMAGI

Mini bombonele pot fi făcute cu cârnați cocktail mici. Important **este s**ă mănânci imediat pentru a nu răci.

CIUPERCI ROSII, LA GRAR CU ULEI ROSIU SI BUSUOCOC

CUPRINS

250 **de grame de ciuperci**

250 **g de creveți** curățați

12 **frunze proaspete de busuioc**

3 **catei de usturoi**

1 **ardei rosu**

ulei de masline

sare

DETALIU

Se scot tulpinile de pe ciuperci, se curata si se curata si se toaca marunt usturoiul.

Prăjiți ciupercile într-o tigaie încinsă cu usturoiul (întâi cu susul în **jos)** **timp de 2 minute pe fiecare parte. Retrage. Pr**ăjiți ușor **creve**ții în același ulei.

Se macină separat busuiocul și ardeiul cayenne cu un strop de **ulei.**

Asezati crevetii pe ciuperci si sarati-i. Sos de busuioc cu ulei.

A AMAGI

De asemenea, pot fi gătiți la 210ºC timp de 5 minute și terminați **cu o felie de brânz**ă Manchego.

PUDING NEGRU ȘI CROCHETE DE PERE

CUPRINS

200 **g de budincă** neagră

120 **de grame de unt**

120 **g de făină**

1 **litru de lapte**

2 **pere conferinte**

Făină, ouă și pesmet (pentru pane)

nucșoară

ulei de masline

Sare si piper

DETALIU

Curățați perele, tăiați-le în bucăți mici și îndepărtați miezul. **Rezerv**ă.

Prăjiți budinca neagră în puțin ulei până se sfărâmiciază. Se **adauga perele si se prajesc 2 minute**.

In aceeasi tigaie topim untul, adaugam faina si rumenim 10 **minute la foc mic. Ad**ăugați laptele dintr-o dată și gătiți încă 45 de minute, amestecând continuu. **Se condimenteaz**ă cu sare, **piper** și nucșoară.

Pune aluatul pe o tava de copt si lasa-l sa se raceasca complet. Tăiaţi şi modelaţi în părţile dorite. Se scufundă în făină, **ou** şi pesmet şi se prăjesc în ulei din belşug.

A AMAGI

După ce crochetele sunt pane, pot fi congelate. Singurul lucru de **f**ăcut înainte de prăjire este să-l acoperiţi cu pesmet.

crocheta de cod

CUPRINS

200 g cod nesarat

120 de grame de unt

120 g de făină

1 litru de lapte

Făină, ouă și pesmet (pentru pane)

nucșoară

ulei de masline

Sare si piper

DETALIU

Fierbe codul in lapte 5 minute la foc mic. Se filtrează, se separă laptele și se taie codul în bucăți mici.

Topiți untul într-o tigaie, adăugați făina și prăjiți la foc mic timp de **10 minute.**

Se adauga laptele dintr-o data si se fierbe la foc mic inca 40 de minute, amestecand continuu. Adăugați codul și gătiți încă 5 minute. **Se sare si se adauga putina nucsoara.**

Pune aluatul pe o tava de copt si lasa-l sa se raceasca complet. Tăiați și modelați în părțile dorite. Se scufundă în făină, **ou** și pesmet și se prăjesc în ulei din belșug.

A AMAGI

Atenție la punctul de sare pentru că este mult cod.

Melci cu sos de rosii

CUPRINS

1 **kg de melci**

50 **g de** şuncă serrano tăiată bucăţi

2 **ro**şii mari

2 **catei mici de usturoi**

1 **frunz**ă de dafin

1 **ceap**ă mare

1 **ardei rosu**

Zahăr

ulei de masline

sare

DETALIU

Curăţaţi melcii cu apă şi sare timp de 5 minute. Scurgeţi şi repetaţi **procesul de 3 ori.**

Gatiti melcii in apa rece si scurgeti-i la primul clocot. Repetaţi **procesul de 3 ori.**

Gatiti melcii cu frunza de dafin timp de 20 de minute.

Tăiaţi ceapa, ardeiul iute şi usturoiul în bucăţi mici. Se prajeste **totul intr-o cratita cu sunca la foc mic. Ad**ăugaţi roşiile rase şi **g**ătiţi la foc mediu până când roşiile îşi pierd complet zeama. **Ajusta**ţi sarea şi zahărul dacă este necesar.

Adăugați melcii și fierbeți la foc mic timp de 5 minute.

A AMAGI

Curățarea melcilor este foarte importantă. Altfel vor apărea **gusturi proaste**.

Chifteluta de ton

CUPRINS

200 **g de făină**

100 **g ton în ulei**

½ **dl vin alb**

3 **linguri de sos de rosii**

1 **ardei verde mic**

1 **ceapa primavara mica**

1 **ou fiert tare**

½ **dl ulei de măsline**

sare

DETALIU

Faceți un vulcan cu făina cernută și turnați în el vin, ulei și sare. Se framanta pana se obtine o masa omogena si se lasa la frigider 20 **de minute.**

Între timp, tăiați ceapa și ardeiul în bucăți mici. Se rumenesc 10 minute la foc mic si se adauga piureul de rosii, oul taiat bucatele si tonul maruntit. Se mai da la cuptor inca 2 **minute si se tine pana se raceste aluatul.**

Intinde-l apoi subtire pe o suprafata infainata sa nu se lipeasca si da-i o forma rotunda. Umpleți fiecare empanadila cu o lingură **de ton. Umeziți marginile, sigilați și apăsați cu o furculiță până se etanșează bine.**

Se prajesc in ulei din belsug si se toarna pe hartie absorbanta.

A AMAGI

Gatiti la 190 °C pana devine maro auriu pentru a reduce caloriile.

CROCHETA DE CREVETI CU USSturoi

CUPRINS

200 **g de creveți**

120 **de grame de unt**

120 **g de f**ăină

1 **litru de lapte**

2 **catei de usturoi**

Făină, ouă și pesmet (pentru pane)

nucșoară

ulei de masline

Sare si piper

DETALIU

Prăjiți usturoiul tăiat cubulețe împreună cu untul într-o cratiță la **foc mic timp de 5 minute.**

Curățați și tocați creveții. Adăugați-le în tigaie și prăjiți timp de 30 **de secunde. Ad**ăugați făina și continuați să prăjiți încă 10 minute **la foc mic.**

Adăugați laptele dintr-o dată și gătiți încă 45 de minute, **amestecând continuu. Se condimenteaz**ă cu sare, piper și **nuc**șoară.

Pune aluatul pe o tava de copt si lasa-l sa se raceasca complet. Tăiați și modelați în părțile dorite. Se scufundă în făină, **ou** și pesmet și se prăjesc în ulei din belșug.

A AMAGI

Laptele poate fi folosit în locul unui bulion bun făcut din capete și carcase de creveți.

MOZZARELLA, CIRESE SI FRGARRUI DE RUCHETA

CUPRINS

16 **bile de mozzarella**

16 **ro**șii cherry

1 **mân**ă mică de rachetă proaspătă

1 **lingura nuci tocate**

ulei de masline

DETALIU

Aduceți apa la fiert, adăugați roșiile și fierbeți timp de 30 de **secunde. Scoate**ți din cuptor și răciți în apă și gheață.

Curățați cireșele și combinați frigăruile cu ele și brânza.

Se sfărâmă rucola și nucile în puțin ulei și se servește acest sos **pe frig**ărui.

A AMAGI

Fierberea roșiilor le va curăța foarte ușor și textura va fi foarte **frumoas**ă și moale.

GILDAS

CUPRINS

16 **măsline negre fără sâmburi**
16 **ardei**
16 **hamsii**
8 **ardei piquillo**

DETALIU

Pregătiți șaisprezece frigărui stropind măsline, ardei, hamsii și **ardei piquillo.**

A AMAGI

Aceasta este o gustare foarte tipică în Euskadi. Cei mai buni **ardei provin din ora**șele Guipúzcoa, iar cele mai bune hamsii **provin din Santoña.**

Aluat Panada de CASA

CUPRINS

1 **pahar de vin**

1 **pahar de lapte**

2 **galbenusuri de ou**

faimă

1 **can**ă ulei de măsline sau de floarea soarelui

sare

DETALIU

Bateţi toate lichidele şi sarea cu un tel. Adaugă treptat făină până **când aluatul se lipe**şte de mâini. Împărţiţi aluatul în jumătate şi **întinde**ţi-l cu un sucitor până obţineţi un strat foarte subţire.

Asezati hartie de copt pe o tava de copt si asezati deasupra unul dintre straturile de aluat. Înţepaţi suprafaţa cu o furculiţă şi umpleţi după dorinţă (trebuie să fie rece).

Acoperiţi celălalt strat de aluat, înţepaţi cu o furculiţă şi tăiaţi în **centru pentru a l**ăsa aburul să scape. Sigilaţi marginile şi vopsiţi **cu g**ălbenuş bătut.

Preîncălziţi cuptorul la 190°C şi coaceţi timp de 25 de minute sau **pân**ă când suprafaţa devine aurie.

A AMAGI

Puteți folosi orice tip de vin: alb, roșu, dulce etc. Condimentele **pot fi, de asemenea, încorporate în amestec, cum ar fi o boia de ardei bun**ă.

COPIȚE DE PUI ȘI OUĂ FIERTE

CUPRINS

120 **de grame de unt**

120 **g de f**ăin**ă**

1 **litru de lapte**

1 **piept de pui**

2 **oua fierte**

F**ăină, ouă și pesmet (pentru pane)**

nucșoară

ulei de masline

Sare si piper

DETALIU

G**ătiți pieptul timp de 12 minute, răciți și tăiați în bucăți mici.**

Se topește untul într-o tigaie, se adaugă făina și se rumenește la **foc mic timp de** 10 **minute. Ad**ăugați laptele dintr-o dată și gătiți **înc**ă 40 de minute, amestecând continuu. Se adauga ouale **fierte si puiul taiat bucatele. Continua**ți să gătiți încă 5 minute.

Se condimentează cu sare, piper și nucșoară.

Pune aluatul pe o tava de copt si lasa-l sa se raceasca complet. Tăiați și modelați în părțile dorite. Se scufundă în făină, **ou** și pesmet și se prăjesc în ulei din belșug.

A AMAGI
O parte din lapte poate fi înlocuită cu supa de gătit de pui.

CROCHETE DE NUCI CU BRÂNZĂ ALBASTRĂ

CUPRINS

120 de grame de unt

120 g de făină

100 g de brânză albastră

1 litru de lapte

1 mână de nuci tăiate sferturi

Făină, ouă și pesmet (pentru pane)

nucșoară

ulei de masline

Sare si piper

DETALIU

Topiți untul într-o tigaie, adăugați făina și prăjiți la foc mic timp de **10 minute. Ad**ăugați laptele și brânza dintr-o dată și fierbeți la foc **mic înc**ă 45 de minute, amestecând continuu. Se condimentează **cu sare, piper** și nucșoară.

Pune aluatul pe o tava de copt si lasa-l sa se raceasca complet. Tăiați și modelați în părțile dorite. Pune un sfert de nucă **în fiecare crochet. Se scufund**ă în făină, ou și pesmet și se prăjesc **în ulei din bel**șug.

A AMAGI

Gustați amestecul de crochete înainte de a adăuga sare, **deoarece brânza adaug**ă multă sare.

TOASTA DE PUI LA GRAR LEGUME PINENASE

CUPRINS

8 **felii de pâine**

40 **g de salat**ă verde diferită

40 **g brânz**ă Manchego tocată

1 **piept mic de pui**

4 **linguri de sos roz** (vezi Ciouri și sosuri)

2 **felii de ananas in sirop**

2 **castrave**ți murați

1 **ou fiert tare**

ulei de masline

DETALIU

Gătiți sânii timp de 12 minute. Se răcește și se taie în fâșii subțiri.

Prăjiți ambele părți ale ananasului în puțin ulei. Rezervați și tăiați **m**ărunt.

Tăiați oul și murăturile și amestecați celelalte ingrediente cu sosul **roz**.

Pâinea **pr**ăjită și acoperită cu umplutura.

A AMAGI

Se poate face și cu bucăți de șuncă fiartă sau chiar conserve de ton.

SALATA DE TARA

CUPRINS

4 **cartofi mari**

150 **g conserva de ton**

20 **de m**ăsline

4 **oua fierte tari**

4 **ro**șii

2 **castraveți**

2 **ardei verzi**

1 **ceap**ă mare

Oțet

ulei de masline

sare

DETALIU

Curățați cartofii și tăiați-i felii de mărime medie. Gatiti in apa rece **cu sare la foc mediu pana se fierbe. Se filtreaz**ă și se răcește.

Spălați legumele și tăiați-le în bucăți egale. Faceți un dressing **pentru salat**ă cu 3 părți ulei la 1 parte oțet și adăugați puțină **sare.**

Se amestecă toate ingredientele într-un bol și se ornează cu **dressingul pentru salat**ă.

A AMAGI

Puteți prăji 1 lingură de boia dulce în ulei timp de 5 secunde. Se **lasa apoi sa se raceasca si se amesteca cu vinegreta.**

SALATA GERMANA

CUPRINS

1 **kg de cartofi**

75 **g mur**ături murate

8 **linguri de maioneză**

4 **linguri de mu**ştar

8 **cârnați**

1 **ceapa primavara**

1 **măr**

Sare si piper

DETALIU

Curatam cartofii, ii taiem cubulete si ii punem la fiert in apa. lasa sa se raceasca.

Tăiați ceapa primăvară şi merele în bucăți mici, cârnații şi **mur**ăturile în felii.

Amestecați maioneza şi muştarul într-un bol şi adăugați celelalte **ingrediente. Asezona**ți după gust.

A AMAGI

O reteta foarte completa, intrucat contine legume, fructe si carne. Se poate face si cu mustar dulce.

SALATA DE OREZ

CUPRINS

200 de grame de orez

150 g şuncă York

35 g de măsline fără sâmburi

6 capere

3 castraveţi muraţi

1 ceapa primavara mica

1 roşie mică

1 ardei verde

Sos roz (vezi secţiunea Cioroane şi sosuri)

DETALIU

Se fierbe orezul, se scurge, se împrospătează şi se păstrează la **rece.**

Tăiaţi mărunt eşalota, caperele, măslinele, roşiile, ardeii şi cornişii şi tăiaţi şunca York în bucăţi mici.

Se amestecă toate ingredientele cu orezul şi se ornează cu sosul **roz.**

A AMAGI

De asemenea, **conserve de fâ**șii de ton, cuburi de brânză, ardei **piquillo** etc.

SALATA MIXTA

CUPRINS

100 **de grame de ton**

20 **de m**ăsline fără sâmburi

4 **conserve de sparanghel alb**

3 **oua fierte**

2 **rosii**

1 **salata verde**

1 **morcov ras**

1 **ceap**ă

O**ţet**

ulei de masline

sare

DETALIU

Spălaţi salata verde, dezinfectaţi-o şi tăiaţi-o în bucăţi medii. **Sp**ălaţi roşiile, tăiaţi-le în opt şi tăiaţi ouăle în felii.

Faceţi un dressing pentru salată cu 3 părţi ulei şi 1 parte oţet cu **un praf de sare.**

Pune salata verde pe fundul unui bol de salata si adauga celelalte ingrediente. A se purta cu vinegreta.

A AMAGI

După ce spălați salata verde, puneți frunzele în apă cu gheață. **Acest lucru le men**ține mai verzi și foarte crocante.

SALATA DE CALAMARI PIPIRANA

CUPRINS

12 **calmari cur**ățați

1 **ardei verde italian mare**

2 **catei de usturoi**

2 **rosii**

1 **ceap**ă

1 **castravete**

9 **linguri de ulei de m**ăsline

3 **linguri de otet**

sare

DETALIU

Curățați legumele și tăiați-le în bucăți medii. Curățați castraveții **de coaj**ă și tăiați-i la aceeași dimensiune.

Faceți un dressing pentru salată amestecând uleiul, oțetul și **sarea. Se orneaza salata cu vinegreta si se amesteca.**

Se incinge tigaia cu un strop de ulei, se prajesc calamarii 30 **de secunde pe fiecare parte, se sare si se adauga pipirrana in tigaie. Se înc**ălzește ușor și se servește fierbinte.

A AMAGI

Nu supraîncălziţi pipirrana deoarece oţetul se va evapora şi **aroma se va pierde**.

SALATA CAPRESE

CUPRINS

1 **kg de ro**șii

250 **g de mozzarella**

½ **leg**ătură de busuioc proaspăt

Reducere Modena (opțional)

ulei de măsline extra virgin

sare

DETALIU

Amesteca busuiocul proaspat cu un strop de ulei. Tăiați roșiile și mozzarella în felii și puneți-le pe o farfurie.

Asezonați cu ulei de busuioc, sare și reducere de Modena, dacă **doriți**.

A AMAGI

Uleiul de busuioc poate fi înlocuit cu un pesto minunat.

SALATĂ RUSEASCĂ

CUPRINS

1 **kg de cartofi**

400 **g morcovi**

250 **g de mazăre**

400 **g ton în ulei**

4 **oua fierte tari**

1 **ardei piquillo**

Verde măsline

maioneză

sare

DETALIU

Curățați și tăiați cartofii și morcovii în bucăți de mărime medie. **Gatiti la foc mic in recipiente diferite pentru a nu se rupe. Separat, fierbe**ți mazărea descoperită pentru a nu se înnegri. **Reîmprosp**ătați legumele și lăsați-le să se răcească.

Puneti tonul, ouale, maslinele si ardeii taiati bucatele intr-un castron de salata. Adăugați cartofii, morcovii și mazărea. Sare, sos de maioneza dupa gust si amestecati. **Se da la frigider pana este gata de servire.**

A AMAGI

Se amestecă maioneza cu sfecla fiartă și se adaugă în salată. In **functie de cantitatea folosita, salata va fi de culoare roz sau violet, cu o aroma foarte sugestiva si usoara de sfecla rosie.**

SALATA DE FASOLE ALBE PORTOCALE

CUPRINS

200 **g fasole alb**ă, fiartă

200 **de grame de bacon**

2 **portocale**

1 **ceapa primavara**

1 **lingura mustar**

2 **linguri de otet**

9 **linguri de ulei de m**ăsline

Sare si piper

DETALIU

Tăiați slănina fâșii și prăjiți-o în puțin ulei. Rezervă.

Tăiați ceapa fâșii julienne subțiri. Se spală bine fasolea. Scoateți **buc**ățile din portocale și îndepărtați coaja albicioasă care le **acoper**ă.

Faceți un dressing pentru salată cu ulei, oțet și muștar.

Amstecați toate ingredientele cu dressingul pentru salată și **asezona**ți cu sare și piper.

A AMAGI

Murăturile de potârnichi sunt acompaniamentul perfect pentru **aceast**ă salată.

BANDELE DE PUI CU ALB

CUPRINS

12 pulpe de pui

200 ml de smântână

150 ml whisky

100 ml supa de pui

3 galbenusuri de ou

1 ceapa primavara

faimă

ulei de masline

Sare si piper

DETALIU

Se condimentează, se făinează și se prăjesc pulpele de pui. Scoateți și rezervați.

Prăjiți ceapa tocată mărunt în același ulei timp de 5 minute. Adăugați whisky și flambe (capota trebuie să fie închisă). Se toarnă smântâna și apa. Adăugați din nou puiul și gătiți la foc mic timp de 20 de minute.

Se ia de pe foc, se adauga galbenusurile si se amesteca cu grija pana se ingroasa putin sosul. Gustați cu sare și piper dacă este necesar.

A AMAGI

Whisky-ul poate fi înlocuit cu băutura noastră alcoolică preferată.

FRIPTURĂ DE RAȚĂ

CUPRINS

1 rață curățată

1 litru de bulion de pui

4 dl sos de soia

3 linguri de miere

2 catei de usturoi

1 ceapa mica

1 ardei rosu

ghimbir proaspăt

ulei de masline

Sare si piper

DETALIU

Într-un castron amestecați bulionul de pui, soia, usturoiul ras, ardeiul iute și ceapa tocate mărunt, mierea, o bucată mică de ghimbir și piper ras. Marinați rața în acest amestec timp de 1 oră.

Scoateți din marinadă și puneți pe o tavă de copt cu jumătate din marinadă. Prăjiți ambele părți timp de 10 minute la 200°C. Udați constant cu o perie.

Reduceți cuptorul la 180 °C și gătiți fiecare parte timp de încă 18 minute (continuați să vopsiți cu o pensulă la fiecare 5 minute).

Scoateți și separați rața și reduceți sosul la jumătate într-o cratiță la foc mediu.

A AMAGI

Gătiți mai întâi pieptul păsărilor, acest lucru le va face mai puțin uscate și suculente.

PIEPT DE PUI VILLAROY

CUPRINS

1 kg piept de pui

2 morcovi

2 tulpini de telina

1 ceapă

1 praz

1 nap

Făină, ouă și pesmet (pentru pane)

pentru bechamel

1 litru de lapte

100 de grame de unt

100 g de făină

nucșoară

Sare si piper

DETALIU

Gatiti toate legumele curatate in 2 litri de apa (rece) timp de 45 de minute.

Intre timp pregatim un sos bechamel prajind faina in unt timp de 5 minute la foc mediu-mic. Apoi adăugați laptele și amestecați. Se condimenteaza si se adauga nucsoara. Gatiti 10 minute la foc mic, fara a opri amestecarea.

Strecurați bulionul și gătiți piepții (întregi sau file) timp de 15 minute. Scoateți-l și lăsați-l să se răcească. Prăjiți bine piepții cu bechamel și păstrați la frigider. Dupa ce s-a racit se scufunda in faina, apoi in ou si la final in pesmet. Se prăjește în ulei din belșug și se servește fierbinte.

A AMAGI

Puteți folosi bulionul și piureul de legume pentru a face o cremă delicioasă.

FELII DE PUI CU SOS DE LAMAIE MUSTAR

CUPRINS

4 piept de pui

250 ml de smântână

3 linguri de grappa

3 linguri de muștar

1 lingura de faina

2 catei de usturoi

1 lămâie

½ ceapă primăvară

ulei de masline

Sare si piper

DETALIU

Se condimentează cu un strop de ulei piepții tăiați în bucăți obișnuite și se prăjesc. Rezervă.

Prăjiți ceapa și usturoiul tocat mărunt în același ulei. Adăugați făina și gătiți timp de 1 minut. Adaugam coniacul pana se evapora si adaugam smantana, 3 linguri de zeama si coaja de lamaie, mustarul si sarea. Gatiti sosul timp de 5 minute.

Adăugați puiul înapoi și gătiți la foc mic încă 5 minute.

A AMAGI

Rade lămâia înainte de a o stoarce. Se poate face si cu pui cubulete in loc de piept pentru a economisi bani.

PINTADA PRĂJITĂ CU PRUNE ȘI ciuperci

CUPRINS

1 graffiti

250 de grame de ciuperci

Port de 200 ml

¼ litru supă de pui

15 prune fără sâmburi

1 catel de usturoi

1 lingurita de faina

ulei de masline

Sare si piper

DETALIU

Asezonați cu sare și piper și prăjiți bibilica și prunele uscate la 175 °C timp de 40 de minute. Întoarceți la jumătatea gătitului. Când timpul a trecut, scoateți și păstrați sucurile.

Se calesc 2 linguri de ulei si faina intr-o cratita timp de 1 minut. Se toarnă vinul și se reduce la jumătate. Se umezește cu bulion și bulion. Gatiti 5 minute fara a opri amestecarea.

Separat, prajim ciupercile cu putin usturoi tocat, le adaugam in sos si dam la fiert. Serviți bibilica cu sosul.

A AMAGI

Pentru ocazii speciale poti umple bibilicile cu mere, foie gras, carne tocata, fructe uscate.

 AVES

PIJET DE PUI VILLAROY CU PIQUILOS CARAMELIZAT CU OTIT DE MODENA

CUPRINS

4 file de piept de pui

100 de grame de unt

100 g de făină

1 litru de lapte

1 conserve de ardei piquillo

1 pahar de oțet de Modena

½ cană zahăr

nucșoară

Ou și pesmet (pentru a acoperi)

ulei de masline

Sare si piper

DETALIU

Prăjiți untul și făina la foc mic timp de 10 minute. Apoi turnați laptele și gătiți timp de 20 de minute, amestecând continuu. Se sare si se adauga nucsoara. lasa sa se raceasca.

Intre timp caramelizam ardeii cu otetul si zaharul pana se ingroasa otetul (abia incepe).

Se condimentează fileurile și se ornează cu piquillo. Înfășurați sânii în folie alimentară ca și când ar fi bomboane tari, acoperiți și gătiți în apă timp de 15 minute.

Când sunt fierte, se rumenesc pe toate părțile cu bechamel și se scufundă în oul bătut și pesmet. Se prăjește în ulei din belșug.

A AMAGI

Dacă adaugi o linguriță sau două de curry în timp ce pui făina pentru sosul bechamel, rezultatul va fi diferit și foarte bogat.

FELII DE PUI CU SUNNICĂ, CIUPERCI ȘI BRÂNZĂ

CUPRINS

4 file de piept de pui

100 de grame de ciuperci

4 felii de bacon afumat

2 linguri de muștar

6 linguri de smântână

1 ceapă

1 catel de usturoi

brânză feliată

ulei de masline

Sare si piper

DETALIU

Se condimentează fileurile de pui. Curățați și tăiați ciupercile în sferturi.

Se rumenesc baconul si se prajesc ciupercile tocate cu usturoiul la foc iute.

Umpleți fileurile cu slănină, brânză și ciuperci și sigilați-le perfect cu folie alimentară de parcă ar fi dulciuri. Gatiti in apa clocotita timp de 10 minute. Scoateți pelicula și fileul.

Pe de alta parte, se caleste ceapa tocata marunt, se adauga smantana si mustarul, se caleste 2 minute si se amesteca. sos pe pui

A AMAGI
Folia alimentară tolerează temperaturile ridicate și nu adaugă savoare preparatului.

DESERT PUI CU PRUNE

CUPRINS

1 pui mare

100 g prune fără semințe

½ litru de supă de pui

½ sticla de vin dulce

1 ceapa primavara

2 morcovi

1 catel de usturoi

1 lingura de faina

ulei de masline

Sare si piper

DETALIU

Se condimentează puiul cu ulei într-o tigaie încinsă și se prăjește în bucăți. Scoateți și rezervați.

Prăjiți ceapa, usturoiul și morcovii tăiați mărunt în același ulei. Cand legumele sunt bine fierte se adauga faina si se mai fierbe inca un minut.

Se toarnă vinul dulce și se lasă la dospit până când căldura scade aproape complet. Se umezește cu bulion și se adaugă din nou puiul și prunele.

Gatiti aproximativ 15 minute sau pana cand puiul este fraged. Scoateți puiul și amestecați în sos. Asezonați cu sare.

A AMAGI

Adăugați puțin unt rece în sosul tocat și acesta se va îngroșa și sclipi când este bătut cu telul.

Piept de pui portocale cu fistic

CUPRINS

4 piept de pui

75 g de caju

2 pahare de suc proaspăt de portocale

4 linguri de miere

2 linguri de Cointreau

faimă

ulei de masline

Sare si piper

DETALIU

Asezonați și făinați piepții. Se prăjește, se scoate și se rezervă.

Gatiti sucul de portocale cu Cointreau si miere timp de 5 minute. Adăugați piepții în sos și gătiți la foc mic timp de 8 minute.

Serviți cu sos și alune deasupra.

A AMAGI

O altă modalitate de a face un sos bun de portocale este să începeți cu bomboane nu prea închise la culoare la care s-a adăugat suc natural de portocale.

MURATURI DE RĂDĂCINI

CUPRINS

4 potârnichi

300 de grame de ceapă

200 g morcovi

2 pahare de vin alb

1 cap de usturoi

1 frunză de dafin

1 pahar de otet

1 pahar cu apa lingura de ulei

sare si 10 piper negru

DETALIU

Se condimentează potârnichile și se prăjește la foc mare. Scoateți și rezervați.

Prăjiți morcovii și ceapa tăiate fâșii julienne în același ulei. Cand legumele sunt fragede, adaugam vinul, otetul, piperul, sarea, usturoiul si dafinul. Se caleste timp de 10 minute.

Puneți din nou potârnichea și fierbeți la foc mic încă 10 minute.

A AMAGI

Este util să lăsați carnea sau peștele murat să stea cel puțin 24 de ore pentru a fi mai delicioase.

CACCIATOR DE PUI

CUPRINS

1 pui tocat

50 g de ciuperci feliate

½ litru de supă de pui

1 pahar de vin alb

4 roșii rase

2 morcovi

2 catei de usturoi

1 praz

½ ceapă

1 buchet de ierburi aromatice (cimbru, rozmarin, dafin...)

ulei de masline

Sare si piper

DETALIU

Se condimenteaza si se rumeneste puiul cu un strop de ulei intr-o tigaie incinsa. Scoateți și rezervați.

Prăjiți morcovul tăiat cubulețe, usturoiul, prazul și ceapa în același ulei. Se adauga apoi rosiile cherry rase. Se caleste pana rosiile isi pierd zeama. Pune puiul înapoi.

Se caleste ciupercile separat si se adauga in cratita. Faceți o baie cu un pahar de vin și lăsați-l să se calmeze.

Se toarnă bulionul și se adaugă ierburile aromate. Gatiti pana cand puiul este fraged. Asezonați cu sare.

A AMAGI

Acest fel de mâncare poate fi preparat și cu curcan sau chiar iepure.

ARIPI DE PUI IN STIL COCA COLA

CUPRINS

1 kg aripioare de pui

½ litru de cola

4 linguri de zahar brun

2 linguri sos de soia

1 lingura rasa de cimbru

½ lămâie

Sare si piper

DETALIU

Puneți Coca-Cola, zahărul, soia, cimbru și sucul de ½ lămâie într-o cratiță și gătiți timp de 2 minute.

Tăiați aripioarele în jumătate și sărați-le. Gătiți-le la 160 °C până capătă puțină culoare. Între timp, adăugați jumătate din sos și întoarceți aripioarele. Întoarceți-le la fiecare 20 de minute.

Când sosul s-a redus, adăugați cealaltă jumătate și continuați să prăjiți până când sosul s-a îngroșat.

A AMAGI

Adăugarea unui praf de vanilie la prepararea sosului îi sporește aroma și îi conferă o notă unică.

PUI CU USTUROI

CUPRINS

1 pui tocat

8 catei de usturoi

1 pahar de vin alb

1 lingura de faina

1 ardei rosu

Oțet

ulei de masline

Sare si piper

DETALIU

Se condimentează puiul și se prăjește bine. Rezervați și lăsați uleiul să se răcească.

Tăiați usturoiul în cuburi și (nu prăjiți) prăjiți usturoiul și ardeiul iute înainte de a se colora.

Se uda cu vinul si se lasa sa se reduca pana ajunge la o anumita densitate, dar nu se usuca.

Se adauga apoi puiul si o lingura de faina putin cate putin. Amestecați (verificați dacă usturoiul se lipește de pui; dacă nu, mai adăugați puțină făină până devine ușor lipicios).

Acoperiți și amestecați din când în când. Gatiti la foc mic timp de 20 de minute. Terminați cu puțin oțet și gătiți încă un minut.

A AMAGI

Friptura de pui este importantă. Trebuie să fie la o temperatură foarte ridicată pentru a rămâne auriu la exterior şi suculent la interior.

PUI

CUPRINS

1 pui mic, tocat

350 g sunca serrano tocata

1 cutie de 800 g de roșii zdrobite

1 ardei rosu mare

1 ardei verde mare

1 ceapă mare

2 catei de usturoi

Origan

1 pahar de vin alb sau rosu

Zahăr

ulei de masline

Sare si piper

DETALIU

Se condimentează puiul și se prăjește la foc mare. Scoateți și rezervați.

In acelasi ulei se calesc ardeii, usturoiul si ceapa tocata de marime medie. Cand legumele s-au rumenit bine se adauga sunca si se mai fierbe inca 10 minute.

Puneti puiul la loc si spalati-l cu vinul. Lasam sa fiarba la foc mare 5 minute si adaugam rosiile si cimbrul. Reduceți focul și gătiți încă 30 de minute. Fixați sare și zahăr.

A AMAGI

Aceeași rețetă se poate face cu chiftele. Nu va mai rămâne nimic în farfurie!

MURAT de prepeliță și fructe roșii

CUPRINS

4 prepelite

150 g fructe roșii

1 pahar de otet

2 pahare de vin alb

1 morcov

1 praz

1 catel de usturoi

1 frunză de dafin

faimă

1 pahar cu apa lingura de ulei

Sare si piper

DETALIU

Făină, asezonează și prăjește prepelițele într-o tigaie. Scoateți și rezervați.

Prăjiți morcovii și prazul tăiați cubulețe și usturoiul feliat în același ulei. Cand legumele sunt fragede se adauga uleiul, otetul si vinul.

Adăugați foaia de dafin și piperul. Se condimentează cu sare și se fierbe cu fructele roșii timp de 10 minute.

Adăugați prepelițele și fierbeți încă 10 minute până se înmoaie. Stam departe de caldura.

A AMAGI

Aceasta marinata, impreuna cu carnea de prepelita, face un sos excelent si insoteste o salata buna de salata verde.

PUI CU LAMAIE

CUPRINS

1 pui

30 g zahăr

25 de grame de unt

1 litru de bulion de pui

1 dl vin alb

suc de 3 lămâi

1 ceapă

1 praz

ulei de masline

Sare si piper

DETALIU

Tăiați și asezonați puiul. Se prăjește la foc mare și se scoate.

Curățați ceapa, curățați prazul și tăiați-l fâșii julienne. Se calesc legumele in uleiul in care a fost facut puiul. Scufundați-vă în vin și lăsați-l să se evapore.

Adăugați sucul de lămâie, zahărul și apa. Gatiti 5 minute si intoarceti puiul. Gatiti inca 30 de minute la foc mic. Asezonați cu sare și piper.

A AMAGI
Este mai bine să piurezi astfel încât sosul să fie mai subțire și să nu fie bucăți de legume.

SERRANO CRUDE, TORTA CASAR SI PUI CU RACHETA SAN JACOBO

CUPRINS

8 fileuri subțiri de pui

150 g prajitura Casar

100 g de ruchetă

4 felii de sunca serrano

Făină, ouă și cereale (pentru acoperire)

ulei de masline

Sare si piper

DETALIU

Se condimentează fileurile de pui și se întinde cu brânză. Pe una se aseaza rucola si sunca serrano si pe cealalta se aseaza deasupra ca sa se acopere. Faceți același lucru cu restul.

Se scufundă în făină, omletă și cereale mărunțite. Se prăjește în ulei clocotit din abundență timp de 3 minute.

A AMAGI

Poate fi acoperit cu floricele zdrobite, kikos și chiar viermi. Rezultatul este hilar.

PUI GĂT CU CURY

CUPRINS

4 pulpe de pui (per persoana)

1 litru de smântână

1 ceapa primavara sau ceapa

2 linguri curry

4 iaurturi naturale

sare

DETALIU

Tăiați ceapa în bucăți mici și amestecați-o într-un bol cu iaurtul, smântâna și curry. Sezon sărat.

Taiati putin puiul si marinati-l in sosul de iaurt timp de 24 de ore.

Se prăjește 90 de minute la 180 °C, se scoate puiul și se servește cu sos bătut.

A AMAGI

Dacă ți-a rămas sos, îl poți folosi pentru a pregăti chifteluțe delicioase.

PUI LA VIN ROSU

CUPRINS

1 pui tocat

½ litru de vin roșu

1 crenguță de rozmarin

1 crenguță de cimbru

2 catei de usturoi

2 praz

1 ardei rosu

1 morcov

1 ceapă

Supa de pui

faimă

ulei de masline

Sare si piper

DETALIU

Se condimentează și se prăjește puiul într-o tigaie foarte fierbinte. Scoateți și rezervați.

Tăiați legumele în bucăți mici și prăjiți-le în același ulei în care a fost prăjit puiul.

Se toarnă vinul, se adaugă ierburile aromatice și se fierbe la foc mare aproximativ 10 minute până se absoarbe apa. Adăugați puiul și scufundați-l în suficient bulion pentru a acoperi. Gatiti inca 20 de minute sau pana cand carnea este frageda.

A AMAGI

Dacă doriți un sos mai subțire fără bucăți, amestecați și strecurați sosul.

PUI FRIP CU BERE NEGRA

CUPRINS

4 pulpe de pui

750 ml de bere neagra

1 lingura chimen

1 crenguță de cimbru

1 crenguță de rozmarin

2 cepe

3 catei de usturoi

1 morcov

Sare si piper

DETALIU

Se toacă în julienne ceapa, morcovul și usturoiul. Asezati cimbrul si rozmarinul in fundul unui vas de copt, iar deasupra ceapa, morcovii si usturoiul; iar apoi mucurile de pui, cu pielea în jos, sunt aromate cu un praf de chimen. Coaceți aproximativ 45 de minute la 175 °C.

După 30 de minute, puneți-le la înmuiat în bere, răsturnați-le și gătiți-le încă 45 de minute. Cand puii sunt copti, scoateti-i din tava si amestecati sosul.

A AMAGI

Aroma este şi mai bună dacă adăugaţi 2 felii de mere în centrul fripturii şi le zdrobiţi cu restul de sos.

potârniche de ciocolată

CUPRINS

4 potârnichi

½ litru de supă de pui

½ pahar de vin roșu

1 crenguță de rozmarin

1 crenguță de cimbru

1 ceapa primavara

1 morcov

1 catel de usturoi

1 roșie rasă

Ciocolată

ulei de masline

Sare si piper

DETALIU

Se condimentează și se rumenesc potârnichile. Rezervă.

Prăjiți morcovii tăiați mărunt, usturoiul și ceapa primăvară în același ulei la foc mediu. Ridicați focul și adăugați roșia. Gatiti pana cand apa dispare. Scufundați-vă în vin și lăsați-l să se evapore aproape complet.

Se toarnă bulionul și se adaugă ierburile. Se fierbe la foc mic până când potârnichile sunt moi. Asezonați cu sare. Se ia de pe foc si se adauga ciocolata dupa gust. Aduna.

A AMAGI

Poti adauga piper cayenne pentru a da preparatului un picant si poti adauga alune prajite sau migdale daca vrei sa fie crocant.

Türkiye prăjită CU SOS DE FRUCTE ROSII

CUPRINS

4 pulpe de curcan

250 g fructe roșii

½ litru de vin spumant

1 crenguță de cimbru

1 crenguță de rozmarin

3 catei de usturoi

2 praz

1 morcov

ulei de masline

Sare si piper

DETALIU

Curățați și tăiați prazul, morcovii și usturoiul. Așezați această legumă pe o tavă de copt cu cimbru, rozmarin și fructe de pădure roșii.

Aranjați bucățile de curcan asezonate cu un strop de ulei, cu pielea în jos. Se prăjește timp de 1 oră la 175 °C.

După 30 de minute, faceți o baie de cava. Întoarceți carnea și prăjiți încă 45 de minute. Când timpul a expirat, scoateți-l din tavă. Se amestecă sosul, se filtrează și se condimentează cu sare.

A AMAGI

Curcanul se face cand pulpa si pulpa ies usor.

PUI FRÂPT CU SOS DE PIERSICI

CUPRINS

4 pulpe de pui

½ litru de vin alb

1 crenguță de cimbru

1 crenguță de rozmarin

3 catei de usturoi

2 piersici

2 cepe

1 morcov

ulei de masline

Sare si piper

DETALIU

Se toacă în julienne ceapa, morcovul și usturoiul. Curățați piersicile, tăiați-le în jumătate și îndepărtați osul.

Pune cimbrul și rozmarinul împreună cu morcovii, ceapa și usturoiul în fundul unui vas de copt. Acoperiți sferturile posterioare, cu pielea în jos, stropiți cu puțin ulei și prăjiți la 350 °F timp de aproximativ 45 de minute.

După 30 de minute, se spală cu vin alb, se răstoarnă și se prăjește încă 45 de minute. Cand puii sunt copti, scoateti-i din tava si amestecati cu sosul.

A AMAGI

La friptură pot fi adăugate mere sau pere. Sosul va avea un gust grozav.

File de pui cu spanac si mozzarella

CUPRINS

8 fileuri subțiri de pui

200 g spanac proaspăt

150 de grame de mozzarella

8 frunze de busuioc

1 lingurita chimen macinat

Făină, ouă și pesmet (pentru pane)

ulei de masline

Sare si piper

DETALIU

Condimentează sânii pe ambele părți. Acoperiți cu spanac, brânză rasă și busuioc tocat și acoperiți cu alt file. Se trece printr-un amestec de faina, oua batute si pesmet si chimen.

Prăjiți câteva minute pe fiecare parte și îndepărtați excesul de ulei pe hârtie absorbantă.

A AMAGI

Acompaniamentul perfect este un sos bun de rosii. Acest fel de mâncare poate fi făcut cu curcan sau chiar file proaspăt.

PUI FRÂPT CU JAVA

CUPRINS

4 pulpe de pui

1 sticla de vin spumant

1 crenguță de cimbru

1 crenguță de rozmarin

3 catei de usturoi

2 cepe

ulei de masline

Sare si piper

DETALIU

Tăiați ceapa și usturoiul fâșii julienne. Pune cimbrul și rozmarinul în fundul unui vas de copt și pune ceapa, usturoiul, apoi pulpele din spate condimentate cu pielea în jos. Coaceți aproximativ 45 de minute la 175 °C.

După 30 de minute, le spălăm cu cava, le răsturnăm și lasăm la cuptor încă 45 de minute. Cand puii sunt copti, scoateti-i din tava si amestecati sosul.

A AMAGI

O alta varianta a aceleiasi retete este sa o faci cu lambrusco sau vin dulce.

Shish de pui cu sos de arahide

CUPRINS

600 g piept de pui

150 g de arahide

500 ml supa de pui

200 ml de smântână

3 linguri sos de soia

3 linguri de miere

1 lingura curry

1 ardei cayenne, tocat fin

1 lingura suc de lamaie

ulei de masline

Sare si piper

DETALIU

Se toacă foarte bine alunele până devin o pastă. Se amestecă într-un castron sucul de lămâie, bulionul, soia, mierea, curry, sare și piper. Tăiați piepții bucăți și marinați în acest amestec peste noapte.

Scoateți puii și puneți-i pe frigărui. Gatiti amestecul anterior impreuna cu smantana la foc mic timp de 10 minute.

Se prajesc frigaruile intr-o tigaie la foc mediu si se servesc cu sosul.

A AMAGI

Se pot face cu pulpe de pui. Dar în loc să le prăjiți într-o tigaie, prăjiți-le la cuptor cu sosul.

PUI CU PEPITORIA

CUPRINS

1 ½ kg de pui

250 de grame de ceapă

50 g migdale prăjite

25 g pâine prăjită

½ litru de supă de pui

¼ litru de vin bun

2 catei de usturoi

2 foi de dafin

2 oua fierte

1 lingura de faina

14 fire de șofran

150 g ulei de măsline

Sare si piper

DETALIU

Tăiați și asezonați puiul tăiat cubulețe. Rumeniți și rezervați.

Tăiați ceapa și usturoiul în bucăți mici și prăjiți-le în același ulei în care a fost fiert puiul. Adăugați făina și prăjiți la foc mic timp de 5 minute. Scufundați-vă în vin și lăsați-l să se evapore.

Se toarnă bulion sărat și se fierbe încă 15 minute. Apoi adăugați puii rezervați cu foile de dafin și gătiți până când puii sunt fragezi.

Separat se prajeste sofranul si se adauga in mojar impreuna cu painea prajita, migdalele si galbenusul de ou. Se pasează într-o pastă și se adaugă la tocană de pui. Gatiti inca 5 minute.

A AMAGI

Nu există un acompaniament mai bun pentru această rețetă decât un pilaf bun de orez. Se poate servi cu albus tocat si putin patrunjel tocat marunt deasupra.

PUI CU PORTOCALE

CUPRINS

1 pui

25 de grame de unt

1 litru de bulion de pui

1 dl vin rosé

2 linguri miere

1 crenguță de cimbru

2 morcovi

2 portocale

2 praz

ulei de masline

Sare si piper

DETALIU

Se condimenteaza si se prajeste puiul tocat in ulei de masline la foc iute. Scoateți și rezervați.

Curățați și curățați morcovii și prazul și tăiați-i fâșii julienne. Gatiti puiul in acelasi ulei in care a fost prajit. Se uda in vin si se fierbe la foc mare pana scade.

Adăugați sucul de portocale, mierea și apa. Gatiti 5 minute si adaugati din nou bucatile de pui. Se fierbe la foc mic timp de 30 de minute. Se adauga untul rece si se condimenteaza cu sare si piper.

A AMAGI

Puteți sări peste o mână de nuci și să le adăugați la tocană după gătit.

GARANTIE PUI CU SOLUȚIE

CUPRINS

1 pui

200 g de șuncă Serrano

200 g gogoși

50 de grame de unt

600 ml supa de pui

1 pahar de vin alb

1 crenguță de cimbru

1 catel de usturoi

1 morcov

1 ceapă

1 rosie

ulei de masline

Sare si piper

DETALIU

Toca puiul, asezoneaza-l si rumeneste-l in unt si un strop de ulei. Scoateți și rezervați.

În același ulei, prăjiți ceapa, morcovul și usturoiul tocate împreună cu șunca tăiată cubulețe. Ridicați focul și adăugați sandvișul tocat. Gatiti 2 minute, adaugati rosia rasa si gatiti pana isi pierde complet zeama.

Adăugați din nou bucățile de pui și spălați-le cu vinul. Reduceți pană când sosul este aproape uscat. Se toarnă bulionul și se adaugă cimbru. Se fierbe la foc mic timp de 25 de minute sau până când puiul este fraged. Asezonați cu sare.

A AMAGI

Folosiți ciuperci de sezon sau uscate.

Pui sotat cu alune si soia

CUPRINS

3 piept de pui

70 g de stafide

30 g migdale

30 g de caju

30 g de nuci

30 g de alune

1 cană supă de pui

3 linguri sos de soia

2 catei de usturoi

1 ardei rosu

1 lămâie

Ghimbir

ulei de masline

Sare si piper

DETALIU

Tocați piepții, adăugați sare și piper și prăjiți într-o tigaie la foc iute. Scoateți și rezervați.

Prăjiți nucile în acest ulei cu usturoiul ras, o bucată de ghimbir ras, ardeiul iute și coaja de lămâie.

Adăugați stafidele, pieptul de pui rezervat și soia. Reduceți timp de 1 minut și spălați cu bulion. Gatiti inca 6 minute la foc mediu si adaugati sare daca este necesar.

A AMAGI

Sarea este practic inutilă, deoarece este furnizată aproape în întregime de boabe de soia.

PUI CU CIOCOLATA CU MIGDALE PRAJITA

CUPRINS

1 pui

60 g ciocolată neagră rasă

1 pahar de vin roșu

1 crenguță de cimbru

1 crenguță de rozmarin

1 frunză de dafin

2 morcovi

2 catei de usturoi

1 ceapă

supa de pui (sau apa)

migdale prajite

ulei de măsline extra virgin

Sare si piper

DETALIU

Tăiați puiul, asezonați și prăjiți într-o tocană. Scoateți și rezervați.

În același ulei, prăjiți la foc mic ceapa, morcovul și usturoiul tocate mărunt.

Adăugați frunza de dafin, cimbru și crengutele de rozmarin. Adăugați vinul și apa și fierbeți la foc mic timp de 40 de minute. Se condimentează cu sare și se scoate puiul.

Puneți sosul în blender și puneți-l înapoi în oală. Adăugați puiul și ciocolata și amestecați până se topește ciocolata. Gatiti inca 5 minute pentru a se amesteca aromele.

A AMAGI

Terminați cu migdale prăjite deasupra. Adăugarea unui piper cayenne sau piper cayenne îi dă un aer picant.

FARGARI DE MIEL CU ARDEI SI MUSTAR DE PESTE

CUPRINS

350 g carne de miel

2 linguri de otet

1 lingură rasă de boia

1 lingura rasa de mustar

1 lingura rasa de zahar

1 tava cu rosii cherry

1 ardei verde

1 ardei rosu

1 ceapa primavara mica

1 ceapă

5 linguri de ulei de măsline

Sare si piper

DETALIU

Curățați legumele, cu excepția cepei primare și tăiați-le în pătrate de dimensiuni medii. Tăiați carnea de miel în cuburi de aceeași dimensiune. Se asambleaza frigaruile, alternand o bucata de carne si o bucata de legume. Sezon. Se prajesc pe ambele parti 1 sau 2 minute in putin ulei intr-o tigaie foarte incinsa.

Separat, într-un bol amestecați muștarul, ardeiul iute, zahărul, uleiul, oțetul și ceapa tocată mărunt. Adăugați sare și emulsionați.

Serveste frigaruile proaspat facute cu putin sos de boia.

A AMAGI

Puteți adăuga, de asemenea, 1 lingură de pudră de curry și puțină coajă de lămâie la sosul pentru salată.

UMPLER DE CARNE DE PORT

CUPRINS

1 kg aripioare de vițel (deschisă de la carte până la umplutură)

350 g carne de porc tocată

1 kg de morcovi

1 kg de ceapă

100 g de nuci de pin

1 conserve mică de ardei piquillo

1 cutie de masline negre

1 pachet de bacon

1 cap de usturoi

2 foi de dafin

vin de porto

Apa de carne

ulei de masline

Sare si piper

DETALIU

Condimentează aripioarele pe ambele părți. Acoperiți cu carne de porc, nuci de pin, ardei mărunțiți, măsline tăiate în sferturi și slănină tăiată fâșii. Rulați-l și puneți-l într-o plasă sau legați-l cu ață de căpăstru. Se prajesc la foc foarte puternic, se scot si se pastreaza.

Tăiați morcovul, ceapa și usturoiul în brunoise și prăjiți-le în același ulei în care s-a prăjit vițelul. Reinstalați aripioarele. Faceți o baie cu puțin stoc și stoc până se acoperă totul. Adăugați 8 boabe de piper negru și foi de dafin. Gatiti 40 de minute la foc mic, cu capacul inchis. Întoarceți-l la fiecare 10 minute. Cand carnea este frageda, scoatem sosul si amestecam.

A AMAGI

Porto poate fi înlocuit cu orice alt vin sau șampanie.

Chifteluta MADRILÑA

CUPRINS

1 kg carne tocata de vita

500 g carne tocată de porc

500 g roșii coapte

150 de grame de ceapă

100 de grame de ciuperci

1 litru de bulion (sau apa)

2 dl vin alb

2 linguri patrunjel proaspat

2 linguri de pesmet

1 lingura de faina

3 catei de usturoi

2 morcovi

1 frunză de dafin

1 ou

Zahăr

ulei de masline

Sare si piper

DETALIU

Se amestecă două cărnuri cu pătrunjel tocat, 2 căței de usturoi tocați, pesmet, ou, sare și piper. Formați bile și prăjiți-le într-o tigaie. Scoateți și rezervați.

Prăjiți ceapa cu celălalt usturoi în același ulei, adăugați făina și prăjiți. Adăugați roșiile și fierbeți încă 5 minute. Se toarnă vinul și se fierbe încă 10 minute. Se toarnă bulionul și se continuă gătitul pentru încă 5 minute. Se macină și se îndreaptă sare și zahăr. Se fierb chiftelele in sosul cu dafin timp de 10 minute.

Se curata, se curata si se toaca separat morcovii si ciupercile. Se prajesc 2 minute in putin ulei si se adauga la chiftele.

A AMAGI

Adăugați 150 g de slănină iberică proaspătă tocată pentru a face amestecul de chiftele mai gustos. Atunci când faceți biluțele, este de preferat să nu apăsați prea mult pentru ca acestea să fie mai suculente.

Obraji de vita de ciocolata

CUPRINS

8 obraji de vițel

½ litru de vin roșu

6 uncii de ciocolată

2 catei de usturoi

2 rosii

2 praz

1 tulpină de țelină

1 morcov

1 ceapă

1 crenguță de rozmarin

1 crenguță de cimbru

faimă

bulion (sau apa)

ulei de masline

Sare si piper

DETALIU

Se condimenteaza si se prajesc obrajii intr-o tigaie foarte incinsa. Scoateți și rezervați.

Tăiați legumele în brunoise și căleți-le în aceeași tigaie în care au fost prăjiți obrajii.

Când legumele sunt moi, adăugați roșiile cherry rase și gătiți până se absoarbe apa. Se adauga vinul, ierburile aromatice si se lasa la infuzat 5 minute. Adăugați obrajii și bulionul până se acoperă.

Gatiti pana se inmoaie obrajii, adaugati ciocolata dupa gust, amestecati si asezonati cu sare si piper.

A AMAGI

Sosul poate fi pasat sau lăsat cu bucăți întregi de legume.

PLAINTA DE PORC ASPIRAT CONFIT CU SOS DE VIN DULCE

CUPRINS

½ carne tocata de porc

1 pahar de vin dulce

2 crengute de rozmarin

2 crengute de cimbru

4 catei de usturoi

1 morcov mic

1 ceapa mica

1 rosie

Ulei de măsline uşor

sare de dafin

DETALIU

Întindeți porcușorul pe o tavă și sare pe ambele părți. Adăugați usturoiul zdrobit și ierburile. Se acoperă cu ulei și se prăjește la 100 °C timp de 5 ore. Se lasa apoi sa se raceasca si se indeparteaza osul, indepartand pulpa si pielea.

Pune hârtie de copt pe o tavă de copt. Împărțiți purcelul și așezați pielea de purcel deasupra (trebuie să aibă cel puțin 2 degete înălțime). Asezati o alta bucata de hartie de copt si puneti putina greutate deasupra si pastrati-o la frigider.

Între timp, pregătiți o supă groasă. Tăiați oasele și legumele în bucăți medii. Prăjiți oasele la 185°C timp de 35 de minute, adăugați legumele laterale și prăjiți încă 25 de minute. Scoateți din cuptor și scufundați în vin. Puneti totul intr-o cratita si acoperiti cu apa rece. Gatiti 2 ore la foc foarte mic. Se filtrează și se readuce la foc până se îngroașă ușor. Degresant.

Tăiați prăjitura în porții și prăjiți într-o tigaie încinsă până când partea de piele devine crocantă. Gatiti la 180°C timp de 3 minute.

A AMAGI

Este un fel de mâncare mai laborios decât dificil, dar rezultatul este magnific. Singurul truc pentru a preveni în cele din urmă să se deterioreze este să servești sosul pe o parte a cărnii, nu deasupra.

CU IEPURI MARS

CUPRINS

1 iepure tocat

80 g migdale

1 litru de bulion de pui

400 ml de tescovină

200 ml de smântână

1 crenguță de rozmarin

1 crenguță de cimbru

2 cepe

2 catei de usturoi

1 morcov

10 fire de șofran

Sare si piper

DETALIU

Tăiați, asezonați și rumeniți iepurele. Scoateți și rezervați.

Prăjiți morcovul, ceapa și usturoiul tocate mărunt în același ulei. Adăugați șofranul și migdalele și gătiți timp de 1 minut.

Ridicați-vă febra și faceți o baie de tescovină. Adaugam din nou iepurele la foc si adaugam bulionul. Adăugați cimbru și crenguțe de rozmarin.

Gatiti aproximativ 30 de minute pana iepurele este fraged si adaugati smantana. Gatiti inca 5 minute si adaugati sare.

A AMAGI

Flambear arde alcoolul unui suflet. În timpul acestei operațiuni, asigurați-vă că capota este închisă.

PEPITORIA Chiftele în sos de arahide

CUPRINS

750 g de carne tocată

750 g carne tocată de porc

250 de grame de ceapă

60 g de alune

25 g pâine prăjită

½ litru de supă de pui

¼ litru de vin alb

10 fire de șofran

2 linguri patrunjel proaspat

2 linguri de pesmet

4 catei de usturoi

2 oua fierte

1 ou proaspat

2 foi de dafin

150 g ulei de măsline

Sare si piper

DETALIU

Intr-un bol amestecam carnea, patrunjelul tocat, usturoiul tocat, pesmetul, oul, sarea si piperul. Făină și rumenește într-o cratiță la foc mediu-înalt. Scoateți și rezervați.

In acelasi ulei se caleste ceapa si ceilalti 2 catei de usturoi taiati cubulete. Scufundați-vă în vin și lăsați-l să se evapore. Se toarnă bulionul și se fierbe timp de 15 minute. Adăugați chiftelele în sosul cu foile de dafin și gătiți încă 15 minute.

Separat, prăjiți șofranul și zdrobiți-l într-un mojar împreună cu pâine prăjită, nuci și gălbenuș de ou până obțineți o pastă netedă. Adăugați în cratiță și gătiți încă 5 minute.

A AMAGI

Se serveste cu o stropire de albus tocat si putin patrunjel deasupra.

SKALOPINĂ DE VITA CU BERE NEGRA

CUPRINS

4 file de vita

125 g ciuperci shiitake

1/3 litru de bere neagra

1 dl bulion

1 dl de smântână

1 morcov

1 ceapa primavara

1 rosie

1 crenguță de cimbru

1 crenguță de rozmarin

faimă

ulei de masline

Sare si piper

DETALIU

Se condimentează și se înfăinează fileurile. Se rumenesc ușor într-o tigaie cu puțin ulei. Scoateți și rezervați.

Prăjiți ceapa și morcovul tăiați cubulețe în același ulei. Când sunt fierte, se adaugă roșiile cherry rase și se fierb până când sosul este aproape uscat.

Se toarnă berea, se lasă alcoolul să se evapore 5 minute la foc mediu și se adaugă bulionul, ierburile și fileurile. Gatiti 15 minute sau pana se inmoaie.

Separat, rumeniți fileurile de ciuperci la foc iute și adăugați-le în tocană. Asezonați cu sare.

A AMAGI

Fileurile nu trebuie prea fierte, altfel vor fi prea tari.

TUR IN MADRILEA

CUPRINS

1 kg de tripă curată

2 trote de porc

25 g de făină

1 dl de otet

2 linguri de ardei iute

2 foi de dafin

2 cepe (1 cu capete ascuțite)

1 cap de usturoi

1 ardei iute

2 dl ulei de măsline

20 de grame de sare

DETALIU

Se fierb tripaia si picioarele de porc intr-o oala cu apa rece. Gatiti 5 minute dupa ce incepe sa fiarba.

Goliți și completați cu apă curată. Adăugați ceapa țepoasă, ardeiul cayenne, capul de usturoi și foile de dafin. Adăugați puțină apă dacă este necesar pentru a o acoperi și fierbeți la foc mic timp de 4 ore sau până când pulpele și tripața sunt fragede.

Când trippa este gata, scoateți ceapa tocată, dafinul și ardeiul iute. De asemenea, scoateți picioarele, îndepărtați oasele și tăiați bucăți de mărimea tripei. Pune-l înapoi în oală.

Separat se caleste cealalta ceapa tocata in forma de brunoise, se adauga boia de ardei si 1 lingura de faina. Adăugați în supă după fierbere. Gatiti 5 minute, sare si adaugati grosime daca este necesar.

A AMAGI

Această rețetă capătă aromă dacă este pregătită cu o zi sau două înainte. Puteți adăuga, de asemenea, niște năut fiert și obțineți o mâncare de legume de top.

CARNE DE PORC FRAJTA CU MERE SI MENTA

CUPRINS

800 g muschi proaspat de porc

500 g de mere

60 g zahăr

1 pahar de vin alb

1 pahar de grappa

10 frunze de mentă

1 frunză de dafin

1 ceapă mare

1 morcov

ulei de masline

Sare si piper

DETALIU

Se condimenteaza chiftelele si se prajesc la foc iute. Scoateți și rezervați.

Prăjiți ceapa și morcovii curățați și tăiați mărunt în acest ulei. Curățați merele și îndepărtați miezul.

Transferați totul pe o tavă de copt, spălați cu alcool și adăugați foaia de dafin. Coaceți la 185°C timp de 90 de minute.

Scoateți merele și legumele și zdrobiți-le cu zahărul și menta. Umpleți fileul și sosul cu sucurile de gătit și însoțiți cu compotul de mere.

A AMAGI

În timp ce gătiți, adăugați puțină apă în tigaie pentru a preveni uscarea cârpei.

Chiftelușe de pui cu sos de zmeură

CUPRINS

pentru chiftele

1 kg carne de pui taiata cubulete

1 dl lapte

2 linguri de pesmet

2 oua

1 catel de usturoi

vin de sherry

faimă

pătrunjel tocat

ulei de masline

Sare si piper

Pentru sosul de zmeura

200 g dulceata de zmeura

½ litru de supă de pui

1 ½ dl de vin alb

½ dl sos de soia

1 rosie

2 morcovi

1 catel de usturoi

1 ceapă

sare

DETALIU

pentru chiftele

Amestecați carnea cu pesmetul, laptele, ouăle, usturoiul tocat mărunt, pătrunjelul și puțin vin. Se condimentează cu sare și piper și se lasă să se odihnească 15 minute.

Formați bile cu amestecul și scufundați-le în făină. Prăjiți-le în ulei, asigurându-vă că sunt puțin crude în interior. Rezervă uleiul.

Pentru sosul de zmeură dulce-acru

Curățați ceapa, usturoiul și morcovii și tăiați-le cubulețe. Prăjiți chiftelele în același ulei până se rumenesc. Se condimentează cu un praf de sare. Adăugați roșiile tăiate cubulețe de coajă sau fără semințe și fierbeți până când apa se evaporă.

Se toarnă vinul și se fierbe până scade la jumătate. Adăugați sosul de soia și bulionul și gătiți încă 20 de minute până când sosul s-a îngroșat. Adăugați dulceața și chiftelele și gătiți totul încă 10 minute.

A AMAGI

Dulceata de zmeura poate fi inlocuita cu orice boabe rosii si chiar cu dulceata.

TOCANĂ DE MIEL

CUPRINS

1 pulpă de miel

1 pahar mare de vin roșu

½ cană de roșii zdrobite (sau 2 roșii rase)

1 lingura de boia dulce

2 cartofi mari

1 ardei verde

1 ardei rosu

1 ceapă

bulion (sau apa)

ulei de masline

Sare si piper

DETALIU

Tăiați, asezonați și prăjiți piciorul într-o tocană cu mai multe oale. Scoateți și rezervați.

Prăjiți ceapa și ardeii tăiați cubulețe în același ulei. Cand legumele s-au rumenit bine adaugam o lingura de ardei iute si rosia. Continuați să gătiți la foc mare până când roșia își pierde zeama. Apoi adăugați din nou mielul.

Scufundați-vă în vin și lăsați-l să se evapore. Acoperiți cu bulion.

Când mielul este fraged, adăugați cheddarul (netăiat) și gătiți până când cartofii sunt copți. Asezonați cu sare și piper.

A AMAGI

Pentru un sos și mai gustos, prăjiți separat 4 ardei piquillo și 1 cățel de usturoi. Amesteca-l cu putin bulion din cratita si adauga-l in tocanita.

MUSCHI DE IEPURE

CUPRINS

1 iepure

250 de grame de ciuperci

250 g morcovi

250 de grame de ceapă

100 de grame de bacon

¼ litru de vin roșu

3 linguri de sos de rosii

2 catei de usturoi

2 crengute de cimbru

2 foi de dafin

bulion (sau apa)

ulei de masline

Sare si piper

DETALIU

Tăiați iepurele și lăsați-l să se înmoaie 24 de ore în bucăți mici de morcov, usturoi și ceapă tocate, vin, 1 crenguță de cimbru și 1 foi de dafin. După ce timpul a trecut, se filtrează și se lasă deoparte vinul pe o parte și legumele pe cealaltă.

Se condimentează iepurele, se rumenește la foc iute și se scoate. Fierbeți legumele în același ulei la foc mediu-mic. Adăugați sosul de roșii și prăjiți timp de 3 minute. Pune iepurele înapoi. Se spală cu vin și bulion până se acoperă carnea. Adăugați crenguța de cimbru rămasă și frunza de dafin rămasă. Gatiti pana iepurele este fraged.

Intre timp se rumenesc baconul tocat si ciupercile taiate in patru si se adauga in tocanita. Separat, zdrobiți ficatul de iepure într-un mojar și adăugați și el. Gatiti inca 10 minute si asezonati cu sare si piper.

A AMAGI

Acest fel de mâncare poate fi preparat cu orice vânat și este mai bine dacă este pregătit cu o zi înainte.

IEPURE CU PIPERRADA

CUPRINS

1 iepure

2 roșii mari

2 cepe

1 ardei verde

1 catel de usturoi

Zahăr

ulei de masline

Sare si piper

DETALIU

Tăiați, asezonați și prăjiți iepurele într-o cratiță. Scoateți și rezervați.

Ceapa, ardeiul și usturoiul se toacă mărunt și se prăjesc în uleiul în care a fiert iepurele, la foc mic, timp de 15 minute.

Adăugați brunoise de roșii tăiate cubulețe și fierbeți la foc mediu până când își pierd complet zeama. Ajustați sarea și zahărul dacă este necesar.

Adăugați iepurele, reduceți focul și fierbeți cu capac timp de 15 sau 20 de minute, amestecând din când în când.

A AMAGI

La piperrada se pot adăuga dovlecei sau vinete.

Chifteluta DE PUI CU BRÂNZĂ CU SOS DE CURR

CUPRINS

500 g de pui tocat

150 g de brânză măruntită

100 g de pesmet

200 ml de smântână

1 cană supă de pui

2 linguri curry

½ lingură de pesmet

30 de stafide

1 ardei verde

1 morcov

1 ceapă

1 ou

1 lămâie

Lapte

faimă

ulei de masline

sare

DETALIU

Se condimenteaza puiul si se amesteca cu pesmetul, oul, 1 lingura de curry si pesmetul inmuiat in lapte. Formați bile, umpleți-le cu un cub de brânză și făină. Se prăjește și se rezervă.

Prăjiți ceapa, ardeiul și morcovul tocate în același ulei. Adăugați coaja de lămâie și gătiți câteva minute. Adăugați lingura rămasă de pudră de curry, stafide și bulion de pui. Cand incepe sa fiarba adaugam smantana si lasam la fiert 20 de minute. Asezonați cu sare.

A AMAGI

Un acompaniament ideal pentru aceste chifteluțe sunt ciupercile, tăiate în sferturi și tocate, sotate cu câțiva căței de usturoi și spălate cu un porto bun sau vin Pedro Ximénez.

Obraz de PORC la VIN ROȘU

CUPRINS

12 obraji de porc

½ litru de vin roșu

2 catei de usturoi

2 praz

1 ardei rosu

1 morcov

1 ceapă

faimă

bulion (sau apa)

ulei de masline

Sare si piper

DETALIU

Se condimenteaza si se prajesc obrajii intr-o tigaie foarte incinsa. Scoateți și rezervați.

Tăiați legumele în stil bronoise și le căleți în același ulei în care a prăjit carnea de porc. Dupa ce a fiert bine, se scufunda in vin si se lasa la racit 5 minute. Adăugați obrajii și bulionul până se acoperă.

Gatiti pana se inmoaie obrajii si adaugati sos daca doriti sa nu ramana bucatele de legume.

A AMAGI

Obrajii de porc durează mult mai puțin timp să se gătească decât obrajii de vită. Se obține o aromă diferită dacă adăugați o uncie de ciocolată la sfârșitul sosului.

COCHIFRITO NAVARRA

CUPRINS

2 pulpe de miel tocate

50 de grame de untură

1 lingurita de ardei rosu

1 lingura de otet

2 catei de usturoi

1 ceapă

ulei de masline

Sare si piper

DETALIU

Tăiați pulpele de miel în bucăți. Se condimentează și se prăjește la foc mare într-o cratiță. Scoateți și rezervați.

Prăjiți ceapa și usturoiul tocate mărunt în același ulei timp de 8 minute la foc mic. Adăugați chilli și prăjiți încă 5 secunde. Adăugați mielul și acoperiți cu apă.

Gatiti pana cand sosul s-a redus si carnea este frageda. Se umezește cu oțet și se fierbe.

A AMAGI

Rumenirea inițială este importantă deoarece împiedică scurgerea sucurilor. De asemenea, oferă o atingere crocantă și îmbunătățește aromele.

Caserolă De Vită Cu Sos De Arahide

CUPRINS

750 g de carne tocată

250 g de arahide

2 litri de bulion

1 cană smântână

½ pahar de grappa

2 linguri de sos de rosii

1 crenguță de cimbru

1 crenguță de rozmarin

4 cartofi

2 morcovi

1 ceapă

1 catel de usturoi

ulei de masline

Sare si piper

DETALIU

Tăiați tulpina, asezonați și prăjiți la foc mare. Scoateți și rezervați.

Prăjiți ceapa tăiată cubulețe, usturoiul și morcovii în același ulei la foc mic. Ridicați focul și adăugați sosul de roșii. Să-l reducem până își pierde toată apa. Stropiți cu coniac și lăsați alcoolul să se evapore. Adăugați din nou carnea.

Se pasează bine alunele cu bulionul și se adaugă în tigaie împreună cu ierburile aromate. Gatiti la foc mic pana cand carnea este aproape frageda.

Se adauga apoi cartofii curatati si taiati in patrate obisnuite, si smantana. Gatiti 10 minute si asezonati cu sare si piper. Se lasa sa se odihneasca 15 minute inainte de servire.

A AMAGI

Acest fel de mâncare din carne poate fi însoțit de orez pilaf (vezi secțiunea Orez și paste).

FULG PRĂJIT

CUPRINS

1 porcușor de lapte

2 linguri de pasta de tomate

sare

DETALIU

Tapetați urechile și coada cu folie de aluminiu pentru a nu se arde.

Asezati 2 linguri de lemn pe o tava de copt si asezati porusul cu fata in sus, fara sa atingeti fundul tavii. Adăugați 2 linguri de apă și gătiți timp de 2 ore la 180 de grade.

Dizolvați sarea în 4 dl de apă și vopsiți interiorul porcului la fiecare 10 minute. Întoarceți-l în acel moment și continuați să vopsiți cu apă și sare până la expirarea timpului.

Topiți untul și vopsiți pielea. Măriți cuptorul la 200 °C și coaceți încă 30 de minute sau până când pielea devine aurie și crocantă.

A AMAGI

Nu pune apa pe piele; acest lucru îl face să-și piardă crocantul. Serviți sosul la baza vasului.

PIELE PRAJITA CU VARZA

CUPRINS

4 degetelor

½ varză

3 catei de usturoi

ulei de masline

Sare si piper

DETALIU

Acoperiți rosturile cu apă clocotită și gătiți timp de 2 ore sau până când se înmoaie complet.

Scoateți din apă și gătiți cu un strop de ulei la 220 °C până devin aurii. Sezon.

Tăiați varza în fâșii subțiri. Gatiti 15 minute in multa apa clocotita. descarc.

Intre timp prajim usturoiul tocat in putin ulei, adaugam varza si o rumenim. Se condimentează cu sare și piper și se servește cu plăcintele prăjite.

A AMAGI

Degetele pot fi făcute și într-o tigaie foarte fierbinte. Prăjiți-le bine pe toate părțile.

VÂNĂTOR DE IEPURI

CUPRINS

1 iepure

300 de grame de ciuperci

2 cesti supa de pui

1 pahar de vin alb

1 crenguță de cimbru proaspăt

1 frunză de dafin

2 catei de usturoi

1 ceapă

1 rosie

ulei de masline

Sare si piper

DETALIU

Se toaca iepurele, se condimenteaza si se rumeneste la foc iute. Scoateți și rezervați.

Prăjiți ceapa și usturoiul tocate mărunt în același ulei timp de 5 minute la foc mic. Ridicați focul și adăugați roșia rasă. Gatiti pana nu mai ramane apa.

Adaugam din nou iepurele si adaugam vinul. Se lasa sa se reduca si sosul este aproape uscat. Se scufundă în bulion și se fierbe cu ierburi timp de 25 de minute sau până când carnea este fragedă.

Între timp, căliți ciupercile curățate și rulate într-o tigaie încinsă timp de 2 minute. Se condimentează cu sare și se adaugă în cratiță. Gatiti inca 2 minute si adaugati sare daca este necesar.

A AMAGI

Poți face aceeași rețetă și cu pui sau curcan.

ESCALOP CARNE DE VID MADRILEÑA

CUPRINS

4 file de vita

1 lingura patrunjel proaspat

2 catei de usturoi

Făină, ouă și pesmet (pentru pane)

ulei de masline

Sare si piper

DETALIU

Tocați mărunt pătrunjelul și usturoiul. Combinați-le într-un bol și adăugați pesmetul. Aduna.

Se condimentează fileurile cu sare și piper și se îmbracă într-un amestec de făină, ou bătut și pesmet, usturoi și pătrunjel.

Apăsați bine cu mâinile pentru ca aluatul să se lipească bine și prăjiți în ulei încins din belșug timp de 15 secunde.

A AMAGI

Zdrobiți fileurile cu un ciocan pentru a rupe fibrele și a face carnea mai moale.

GARANTIE IEPURE CU CIUPERCI

CUPRINS

1 iepure

250 g de ciuperci de sezon

50 de grame de untură

200 de grame de bacon

45 g migdale

600 ml supa de pui

1 pahar de sherry

1 morcov

1 rosie

1 ceapă

1 catel de usturoi

1 crenguță de cimbru

Sare si piper

DETALIU

Tăiați și asezonați iepurele. Se rumenesc la foc iute in unt impreuna cu baconul taiat batoane. Scoateți și rezervați.

Prăjiți ceapa, morcovul și usturoiul tocate mărunt în același ulei. Adăugați ciupercile tocate și gătiți timp de 2 minute. Adăugați roșiile rase și gătiți până își pierd zeama.

Adaugam din nou iepurele si baconul si adaugam vinul. Se lasa sa se reduca si sosul este aproape uscat. Se toarnă bulionul și se adaugă cimbru. Gatiti la foc mic timp de 25 de minute sau pana cand iepurele este fraged. Se presară migdale și sare.

A AMAGI

Puteți folosi ciuperci shiitake uscate. Ele oferă multă aromă și aromă.

COSTEȚE DE PORC LA VIN ALB ȘI MIERE

CUPRINS

1 coastă iberică de porc

1 pahar de vin alb

2 linguri miere

1 lingura de boia dulce

1 lingura rozmarin tocat

1 lingura de cimbru tocat

1 catel de usturoi

ulei de masline

Sare si piper

DETALIU

Pune într-un bol condimentele, usturoiul ras, mierea și sarea. Adăugați o jumătate de pahar de ulei și amestecați. Întindeți coastele cu acest amestec.

Coaceți la 200 ° C timp de 30 de minute cu carnea în jos. Se intoarce, se spala cu vin si se fierbe inca 30 de minute sau pana cand coastele sunt aurii si fragede.

A AMAGI

Cel mai bine este să marinați carnea cu o zi înainte, astfel încât aromele să pătrundă mai mult în coaste.

CAN GALLEGO

CUPRINS

250 g fasole albă

500 g de nap curat

500 de grame de morcio

100 de grame de sunca

100 g ulei

1 os al coloanei vertebrale

3 cartofi

1 cârnați

1 budincă neagră

sare

DETALIU

Înmuiați fasolea în apă rece cu 12 ore înainte.

Pune toate ingredientele cu excepția cartofilor și napii într-o cratiță și se fierbe în 2 litri de apă rece nesărată.

Într-o altă tigaie se fierb napii în apă clocotită cu sare timp de 15 minute.

Când boabele sunt aproape gata, adăugați cartofii în pudra de cacao și asezonați cu sare. Aruncați grelosul. Se lasa cateva secunde pe foc si se aduce la masa cu carnea portionata.

A AMAGI

În timpul pregătirii, opriți gătitul de 3 ori cu apă rece sau gheață, pentru ca fasolea să fie mai moale și să nu-și piardă coaja.

LENTE STIL LONESA

CUPRINS

500 g de linte

700 de grame de ceapă

200 de grame de unt

1 crenguță de pătrunjel

1 crenguță de cimbru

1 frunză de dafin

1 ceapa mica

1 morcov

6 cuișoare

sare

DETALIU

Prăjiți ceapa tăiată fâșii julienne în unt la foc mic. Acoperiți și gătiți până devine maro auriu.

Adăugați lintea, cuișoarele înfipte în ceapa mică întreagă, morcovii tăiați și ierburile. Acoperiți cu apă rece.

Scurgeți și fierbeți la foc mic până când leguminoasele sunt moi. Asezonați cu sare.

A AMAGI

Este important să începeți să gătiți la foc mare și să treceți la foc mediu pentru a nu se lipi.

CURY MER LINTE

CUPRINS

300 g de linte

8 linguri de smântână

1 lingura curry

1 măr auriu

1 crenguță de cimbru

1 crenguță de pătrunjel

1 frunză de dafin

2 cepe

1 catel de usturoi

3 cuișoare

4 linguri de ulei

Sare si piper

DETALIU

Fierbeți lintea cu 1 ceapă, usturoi, dafin, cimbru, pătrunjel, cuișoare, sare și piper în apă rece timp de 1 oră.

Separat, prăjiți cealaltă ceapă cu mărul în ulei. Adăugați curry și amestecați.

Adăugați lintea în caserola cu mere și gătiți încă 5 minute. Adăugați smântâna și amestecați cu grijă.

A AMAGI

Daca ai ramas de linte, se poate face crema si insotita de creveti sotati.

POCHAS IN NAVARA

CUPRINS

400 de grame de fasole

1 lingura ardei iute

5 catei de usturoi

1 ardei verde italian

1 ardei rosu

1 praz curatat

1 morcov

1 ceapă

1 roșie mare

ulei de masline

sare

DETALIU

Curățați bine fasolea. Se acopera cu apa intr-o cratita impreuna cu ardei, ceapa, praz, rosii si morcovi. Gatiti aproximativ 35 de minute.

Scurgeți și tocați legumele. Apoi adăugați-le înapoi în cratiță.

Tăiați mărunt usturoiul și prăjiți-l în puțin ulei. Se ia de pe foc si se adauga boia de ardei. Rehome 5 este inclus în fasolea albă. Asezonați cu sare.

A AMAGI

Deoarece acestea sunt leguminoase proaspete, timpul de gătire este mult mai scurt.

LINTE

CUPRINS

500 g de linte

1 lingura ardei iute

1 morcov mare

1 ceapă medie

1 ardei mare

2 catei de usturoi

1 cartof mare

1 praf de sunca

1 cârnați

1 budincă neagră

Slănină

1 frunză de dafin

sare

DETALIU

Se calesc legumele tocate marunt pana se inmoaie usor. Adăugați ardeiul iute și adăugați 1 litru și jumătate de apă (puteți folosi și bulion de legume sau chiar bulion). Se adauga lintea, carnea, capatul sunca si foaia de dafin.

Scoateți și păstrați chorizo și budinca neagră când sunt moi, pentru a nu se rupe. Continuați să gătiți până când lintea este gata.

Adăugați cartofii tăiați cubulețe și gătiți încă 5 minute. Adăugați un praf de sare.

A AMAGI

Adăugați 1 baton de scorțișoară la linte în timp ce se gătesc pentru o aromă diferită.

chifle de cod

CUPRINS

Cod fara sare in 100 g firimituri

100 g ceapa primavara

1 lingura patrunjel proaspat

1 sticla de bere rece

colorant

faimă

ulei de masline

Sare si piper

DETALIU

Intr-un castron punem codul tocat marunt, salota si patrunjelul, berea, putin colorant, sare si piper.

Se amestecă și se adaugă făina, câte o lingură, amestecând continuu, până când obțineți o consistență puțin groasă, asemănătoare terciului (fără picături). Se da la frigider pentru 20 de minute.

Se prăjește în ulei din belșug, se toarnă amestecul cu lingurițe. Cand sunt aurii, scoate-le si aseaza-le pe hartie absorbanta.

A AMAGI

Dacă nu există bere, o puteți face și cu sifon.

DURADO COD

CUPRINS

400 g cod sarat si maruntit

6 ouă

4 cartofi medii

1 ceapă

patrunjel proaspat

ulei de masline

sare

DETALIU

Curățați cartofii și tăiați-i fâșii. Se spală bine până când se scurge apa curată și apoi se prăjește în ulei clocotit din belșug. Sezon sărat.

Se fierbe ceapa taiata juliana. Ridicați focul, adăugați codul mărunțit și fierbeți până când lichidul a dispărut.

Intr-un castron separat, batem ouale, adaugam codul, cartofii si ceapa. Se pasează ușor în tigaie. Se condimentează cu sare și se completează cu pătrunjel proaspăt tocat.

A AMAGI

Are nevoie de puțină coagulare pentru a fi suculent. Cartofii nu se sareaza pana la final pentru a nu-si pierde crocantul.

CRAB BASK

CUPRINS

1 paianjen

500 de grame de roșii

75 g șuncă serrano

50 g pesmet proaspăt (sau pesmet)

25 de grame de unt

1 pahar și jumătate de coniac

1 lingura patrunjel

1/8 ceapă

½ cățel de usturoi

Sare si piper

DETALIU

Gatiti crabul paianjen (1 minut la fiecare 100 g) in 2 litri de apa cu 140 g de sare. Se răcește și se scoate carnea.

Fierbeți șunca tăiată fâșii fine julienne, împreună cu ceapa și usturoiul tăiate în bucăți mici. Se adauga rosiile ras si patrunjelul tocat si se fierbe pana se obtine o pasta uscata.

Se adaugă carnea de crab, se acoperă cu țuică și se flambează. Adăugați jumătate din firimituri de la căldură și umpleți crabul păianjen.

Presărați pesmetul rămas deasupra și întindeți deasupra untul feliat. Coaceți la cuptor până se rumenesc.

A AMAGI

Se poate face și cu chorizo iberic bun și, de asemenea, acoperit cu brânză afumată.

A EVITA ÎN OTIT

CUPRINS

12 hamsii

300 cl otet de vin

1 catel de usturoi

pătrunjel tocat

ulei de măsline extra virgin

1 lingurita de sare

DETALIU

Aranjați anșoa curățată pe un platou plat cu oțetul diluat cu apă și sare. Se lasa la frigider 5 ore.

Intre timp prajim in ulei usturoiul si patrunjelul tocate marunt.

Scoateți anșoa din oțet și ungeți-le cu ulei și usturoi. Se pune din nou la frigider pentru 2 ore.

A AMAGI

Spălați hamsia în mod repetat până când apa este limpede.

MARCA COD

CUPRINS

¾ kg cod fara sare

1 dl lapte

2 catei de usturoi

3 dl ulei de măsline

sare

DETALIU

Încinge uleiul cu usturoiul într-o cratiță mică la foc mediu timp de 5 minute. Se adauga codul si se mai caleste inca 5 minute la foc foarte mic.

Încălziți laptele și turnați-l în paharul blenderului. Adăugați codul fără piele și usturoiul. Bateți până obțineți un aluat fin.

Adaugati uleiul fara a opri baterea pana obtineti un amestec consistent. Se condimentează cu sare și se rumenește la putere maximă la cuptor.

A AMAGI

Se poate mânca pe pâine prăjită și se întinde pe aioli.

PULBER ÎN ADOBO (BIENMESABE)

CUPRINS

500 g rechin

1 pahar de otet

1 lingura rasa de chimen macinat

1 lingură rasă de boia dulce

1 lingura rasa de cimbru

4 foi de dafin

5 catei de usturoi

faimă

ulei de masline

sare

DETALIU

Puneți rechinii tăiați mai devreme într-un castron adânc și curățați-i.

Adăugați o mână de sare și o linguriță de boia de ardei, chimen și cimbru.

Zdrobiți usturoiul cu coaja lui și adăugați-l în bol. Adăugați și foile de dafin. La sfarsit, adauga inca un pahar de otet si inca un pahar de apa. Lasă-l să se odihnească peste noapte.

Uscați bucățile de rechin în făină și prăjiți-le.

A AMAGI

Dacă chimionul este proaspăt măcinat, adăugați doar ¼ dintr-o lingură dreaptă. Poate fi preparat cu alti pesti precum pomfret sau monkfish.

MURATURI DE PORTOCALE SI TON

CUPRINS

800 g ton (sau bonito proaspăt)

70 ml de oțet

140 ml vin

1 morcov

1 praz

1 catel de usturoi

1 portocală

½ lămâie

1 frunză de dafin

70 ml ulei

Sare si piper

DETALIU

Tăiați mărunt morcovul, prazul și usturoiul și le căleți în puțin ulei. Cand legumele sunt moi, inmuiati-le in otet si vin.

Adăugați foaia de dafin și piperul. Se condimentează cu sare și se fierbe încă 10 minute. Adăugați coaja și sucul citricelor și tonul tăiat în 4 părți. Se mai fierbe 2 minute si se ia de pe foc si se lasa sa se odihneasca.

A AMAGI

Urmați aceiași pași pentru a face o marinată de pui delicioasă. Înainte de a adăuga puiul în caserola marinată, prăjiți și gătiți încă 15 minute.

CREVET PETERN

CUPRINS

500 g de creveți

100 g de făină

½ dl de bere rece

colorant

ulei de masline

sare

DETALIU

Cojiți creveții fără a îndepărta coada.

Amesteca intr-un castron faina, putin colorant alimentar si sare. Adăugați treptat berea fără a opri amestecarea.

Luați creveții de cozi, scufundați-i în amestecul anterior și prăjiți-i. Scoateți din cuptor când sunt aurii și păstrați pe hârtie absorbantă.

A AMAGI

Puteți adăuga 1 linguriță de curry sau boia de ardei în făină.

Ton cu busuioc

CUPRINS

125 g conserve de ton în ulei

½ litru de lapte

4 ouă

1 felie de pâine feliată

1 lingura de parmezan ras

4 frunze de busuioc proaspăt

faimă

ulei de masline

Sare si piper

DETALIU

Se amestecă tonul cu laptele, ouăle, feliile de pâine, parmezanul și busuioc. Se pune sare si piper.

Aluatul se pune in forme separate, unse si infainate in prealabil cu unt si se fierbe la bain-marie la 170°C timp de 30 de minute.

A AMAGI

Puteți pregăti această rețetă și cu midii sau sardine la conserva.

UNUL MINIERUL

CUPRINS

6 talpi

250 de grame de unt

50 g suc de lamaie

2 linguri patrunjel tocat marunt

faimă

Sare si piper

DETALIU

Se condimentează și se înfăinează capetele și talpa decojită. Prăjiți ambele părți în unt topit la foc mediu, având grijă să nu ardă făina.

Scoatem pestele si adaugam in tigaie sucul de lamaie si patrunjelul. Gatiti 3 minute fara a opri amestecarea. Plasați peștele cu sosul.

A AMAGI

Adauga cateva capere pentru a da o nota delicioasa retetei.

MUMBĂ DE SOMMON

CUPRINS

2 fileuri de somon

½ litru de vin spumant

100 ml de smântână

1 morcov

1 praz

ulei de masline

Sare si piper

DETALIU

Se condimentează somonul și se prăjește pe ambele părți. Rezervă.

Tăiați morcovul și prazul în bețișoare lungi și subțiri. Se prajesc legumele in acelasi ulei in care a fost preparat somonul timp de 2 minute. Se umezește cu kava și se lasă să coboare la jumătate.

Se adauga smantana, se fierbe 5 minute si se adauga somonul. Gatiti inca 3 minute si asezonati cu sare si piper.

A AMAGI

Puteți găti somonul la abur timp de 12 minute și îl puteți mânca cu acest sos.

Biban de mare PIQUILTOS BILBAN STYLE

CUPRINS

4 biban

1 lingura de otet

4 catei de usturoi

Ardei piquillo

125 ml ulei de măsline

Sare si piper

DETALIU

Scoateți fileurile de biban de mare. Se condimentează cu sare și piper și se prăjește într-o tigaie la foc iute până se rumenesc pe exterior și sunt suculente pe interior. Scoateți și rezervați.

Tăiați usturoiul și prăjiți-l în același ulei ca și peștele. Umeziți cu oțet.

Prăjiți ardeii în aceeași tigaie.

Așezați fileurile de biban cu sosul și serviți cu ardei.

A AMAGI

Sosul Bilbao se poate face din timp; Apoi doar încălziți și serviți.

midii imbuteliate

CUPRINS

1 kg midii

1 pahar mic de vin alb

2 linguri de otet

1 ardei verde mic

1 roșie mare

1 ceapa primavara mica

1 frunză de dafin

6 linguri de ulei de măsline

sare

DETALIU

Curățați bine scoicile cu o nouă mașină de spălat vase.

Pune midiile intr-o cratita cu vinul si foile de dafin. Gatiti la foc mare pana se deschid capacele. Separați una dintre coji și aruncați-o.

Tocați mărunt roșia, ceapa primăvară și ardeiul și pregătiți un dressing pentru salată. Se condimentează cu oțet, ulei și sare. Se amestecă și se toarnă peste midii.

A AMAGI

Se lasă să se odihnească peste noapte pentru a spori aromele.

MARMITAKO

CUPRINS

300 g ton (sau bonito)

1 litru de bulion de peste

1 lingura piper chorizo

3 cartofi mari

1 ardei rosu mare

1 ardei verde mare

1 ceapă

ulei de masline

Sare si piper

DETALIU

Prăjiți ceapa și ardeii tăiați în pătrate. Se adauga o lingura de ardei chorizo si cartofii curatati si feliati. Se amestecă timp de 5 minute.

Udați peștele cu apă și când începe să se gătească, adăugați sare și piper. Se fierbe la foc mic până când cartofii trec.

Opriți focul și apoi adăugați tonul tăiat cubulețe și condimentat. Se lasa sa se odihneasca 10 minute inainte de servire.

A AMAGI

Tonul poate fi înlocuit cu somon. Rezultatul este surprinzător.

biban de mare în sare

CUPRINS

1 biban

600 g sare grunjoasă

DETALIU

Sortați și curățați peștele. Pe o farfurie se pune un pat de sare, deasupra se aseaza bibanul si se acopera cu sarea ramasa.

Se fierbe la 220 °C până când sarea se întărește și se descompune. Adică aproximativ 7 minute pentru fiecare 100 g de pește.

A AMAGI

Peștele nu trebuie să se destrame atunci când este gătit în sare, deoarece solzii protejează carnea de temperaturile ridicate. Puteți aroma sarea cu ierburi sau adăugați un albuș de ou.

MIDII Aburite

CUPRINS

1 kg midii

1 dl vin alb

1 frunză de dafin

DETALIU

Curățați bine scoicile cu o nouă mașină de spălat vase.

Puneti midiile, vinul si foile de dafin intr-o oala incinsa. Gatiti la foc mare pana se deschid capacele. Aruncați-le pe cele nedeschise.

A AMAGI

Este un fel de mâncare foarte popular în Belgia și vine cu cartofi prăjiți buni.

MERLULU DE GALICHIA

CUPRINS

4 felii de merluciu

600 g de cartofi

1 lingurita de ardei rosu

3 catei de usturoi

1 ceapă medie

1 frunză de dafin

6 linguri de ulei de măsline extravirgin

Sare si piper

DETALIU

Se încălzește apa într-o cratiță; Adăugați cartofii tăiați felii, ceapa tăiată julien, sarea și foaia de dafin. Se fierbe la foc mic timp de 15 minute până când totul devine moale.

Adăugați feliile de merluciu picant și gătiți încă 3 minute. Scurgeți cartofii și merluciul și transferați totul într-o oală de teracotă.

Prăjiți usturoiul feliat sau tocat într-o tigaie; cand sunt aurii se iau de pe foc. Adăugați chilli, amestecați și turnați acest sos peste pește. Serviți rapid cu puțină apă de gătit.

A AMAGI

Este important ca cantitatea de apă să fie suficientă pentru a acoperi feliile de pește și cartofii.

MERLULU KOSKERA

CUPRINS

1 kg de merluciu

100 g de mazăre fiartă

100 de grame de ceapă

100 g de stridii

100 de grame de creveți

1 dl bulion de peste

2 linguri de patrunjel

2 catei de usturoi

8 vârfuri de sparanghel

2 oua fierte

faimă

Sare si piper

DETALIU

Tăiați merlucul în felii sau fileuri. Asezonați și făină.

Prăjiți ceapa și usturoiul tăiate mărunt într-o cratiță până se înmoaie. Ridicați focul, adăugați peștele și prăjiți ușor pe ambele părți.

Se toarnă carnea afumată și se fierbe la foc mic timp de 4 minute, mișcând constant tigaia pentru a îngroșa sosul. Adăugați creveții decojiți, sparanghelul, stridiile curățate, mazărea și ouăle tăiate în sferturi. Gatiti inca un minut si presarati patrunjel tocat.

A AMAGI

Sărați puiul cu 20 de minute înainte de gătit, astfel încât sarea să fie distribuită mai uniform.

www.ingramcontent.com/pod-product-compliance
Lightning Source LLC
Chambersburg PA
CBHW050349120526
44590CB00015B/1616